V

MUSÉE

DE

PEINTURE ET DE SCULPTURE

VOLUME X

PARIS. — IMPRIMERIE DE E MARTINET, RUE MIGNON, 2.

MUSÉE

DE

PEINTURE ET DE SCULPTURE

OU

RECUEIL

DES PRINCIPAUX TABLEAUX

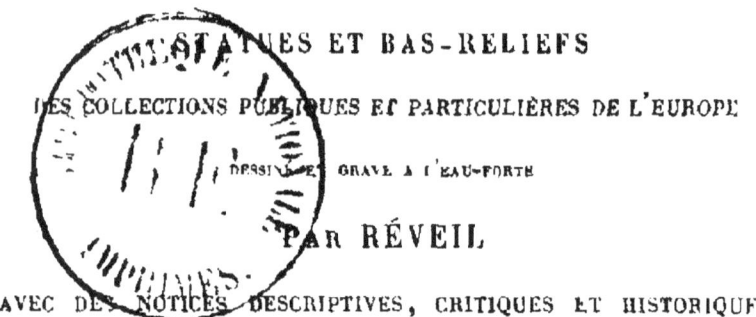

STATUES ET BAS-RELIEFS

DES COLLECTIONS PUBLIQUES ET PARTICULIÈRES DE L'EUROPE

DESSINÉS ET GRAVÉ A L'EAU-FORTE

PAR RÉVEIL

AVEC DES NOTICES DESCRIPTIVES, CRITIQUES ET HISTORIQUES

PAR LOUIS ET RENÉ MÉNARD

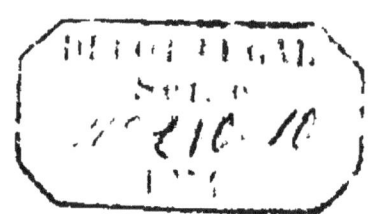

VOLUME X

PARIS

Vᵉ A. MOREL & Cᵉ, LIBRAIRES-ÉDITEURS

RUE BONAPARTE, 13

1872

MUSÉE EUROPÉEN

SCULPTURE

LA SCULPTURE MODERNE.

Les traditions de l'art antique s'etaient perdues par suite de la destruction des temples et des statues sous les empereurs chretiens. Les invasions des barbares achevaient de detruire ce qui avait pu échapper aux quatre édits successifs de Theodose et de ses successeurs. Le christianisme, en condamnant la forme et prescrivant l'etude du nu, opposait un obstacle presque insurmontable à l'éclosion d'un art nouveau. La querelle des Iconoclastes, qui ensanglanta si longtemps l'empire d'Orient, se termina par un compromis qui dure encore : la peinture, dont Moyse ne parle pas, fut toleree, tandis que la sculpture, formellement condamnee par la Bible, fut proscrite précisément dans les pays ou elle avait produit les plus magnifiques chefs-d'œuvre.

En Occident, les papes favorisèrent le culte des images et accueillirent les moines peintres que les persécutions des Iconoclastes forçaient à se refugier en Italie ; mais l'art qui se bornait à reproduire des types consacres par

la religion, sans jamais étudier la nature, ne consistait
plus que dans la connaissance de quelques procédés. La
peinture devint purement décorative, la sculpture devint
un art industriel, borné à quelques travaux d'orfèvrerie
et à l'ornementation des chapiteaux dans les églises. Pendant les premiers siècles du moyen âge, l'Europe s'en-
fonça de plus en plus dans la barbarie. Il est vrai qu'en
même temps les Arabes empruntaient aux Byzantins les
germes d'une civilisation nouvelle qui se développait
rapidement ; mais la religion musulmane, qui interdit la
représentation des objets vivants, réduisait la peinture et
la sculpture à l'ornementation.

C'est seulement après la fondation des communes et
des républiques, c'est-à-dire dans la seconde moitié du
moyen âge, qu'on voit poindre en Europe les premières
lueurs d'une renaissance. Les transformations politiques
d'où devaient sortir nos sociétés modernes furent le signal
d'une immense activité artistique, et depuis lors la
sculpture se développa en même temps, quoique sous des
formes différentes, en Italie et en France.

L'Italie avait toujours été en relation avec les Grecs
byzantins, qui, malgré leur décadence, conservaient les
derniers vestiges des traditions antiques et pouvaient
seuls initier les autres peuples à la technique des arts.
Les premiers monuments qui s'élevèrent après l'établissement des républiques italiennes furent construits par
des architectes grecs. Les premiers peintres de l'école
florentine reçurent les leçons des Byzantins ; mais en
ajoutant à ces leçons l'observation de la nature, ils
s'élevèrent bientôt au-dessus de leurs maîtres. Quant à la
sculpture italienne, elle sortit de l'étude de l'antiquité.
Un sarcophage antique placé dans le Campo santo de

Pise, où il servait de tombeau à la mère de la comtesse
Mathilde, produisit sur Nicolas de Pise l'effet d'une
révélation. Il etudia le bas-relief de ce sarcophage qui
représentait la chasse de Meleagre, et essaya de l'imiter,
ainsi que le petit nombre de fragments antiques qu'on
connaissait alors. Il comprit ainsi comment l'art doit
interpreter la nature en subordonnant les détails à
l'ensemble. Dans ses principaux ouvrages, la chaire du
baptistere de Pise, les bas-reliefs du tombeau de saint
Dominique à Bologne, on reconnaît un éleve et un
imitateur des Grecs. Jean et Andrea de Pise, Agostino et
Agnolo de Sienne suivirent la route ouverte par Nicolas
de Pise, et furent les precurseurs de la grande ecole
florentine.

Le Florentin Donatello représente dans la sculpture la
seconde phase de la Renaissance. Au lieu de s'arrêter à
l'imitation des ouvrages de l'antiquité qu'il pouvait avoir
à sa disposition, il y chercha seulement des leçons pour
se guider dans l'etude directe de la nature. Le realisme
domine dans ses ouvrages, et son ami Brunelleschi,
l'architecte du dôme de Florence, auquel il demandait
son avis sur un crucifix qu'il venait de faire, lui répondit:
« Tu n'as pas fait un Christ en croix, mais un paysan. »
Cette etude naive et consciencieuse de la realité donnait
tant de vie à ses figures, que, plus tard, Michel-Ange
s'écriait devant le saint Marc de Donatello : Marc! Marc!
pourquoi ne parles-tu pas ? » Dans saint Georges, dans
le Zuccone, qu'il regardait comme son chef-d'œuvre, et
dans toutes ses autres statues, on retrouve cet amour
de la verité et de la vie qui prelude à l'épanouissement
de l'art.

Dans un concours ouvert par la république de Florence

pour les portes du baptistère, Brunelleschi et Donatello firent donner le prix à un de leurs concurrents encore inconnu, Lorenzo Ghiberti. Ce fut lui qui exécuta les fameuses portes du baptistere de Florence que Michel-Ange trouvait dignes d'être les portes du paradis. Par l'elevation du style, Ghiberti se rapproche des Grecs, mais il s'en eloigne completement par la manière dont il a compris le bas-relief. Les panneaux de ses portes sont de veritables tableaux en bronze, et s'il eût voulu les peindre sur la muraille ou sur la toile, il ne les aurait pas composés autrement. Dans les bas-reliefs antiques au contraire, toutes les figures sont au même plan. Les sculpteurs modernes, ont souvent fait, comme Ghiberti, des bas-reliefs à plusieurs plans, et traité la sculpture selon les lois de la peinture.

L'ecole florentine compte ensuite parmi ses maîtres Jacopo [della Quercia, Michelozzi, Luca della Robbia, chef d'une illustre famille d'artistes, qui découvrit le secret de vernir la sculpture en terre et d'en varier l'aspect en la coloriant comme une peinture. Cette invention n'est pas très-heureuse au point de vue de la statuaire, mais elle offre à l'architecture un utile élément de décoration polychrome.

Une autre découverte plus importante pour la sculpture est le moulage en plâtre. Un des premiers qui le mirent en usage fut André Verocchio. Son œuvre la plus fameuse, et qui le place au premier rang parmi les maîtres, est la statue équestre de Bartolomeo Colleone de Bergame, condottière au service de la république de Venise. Ce fut un ouvrage du même ordre, la statue équestre du duc de Milan, qui illustra Léonard de Vinci comme sculpteur. Malheureusement cette statue n'était pas encore coulée en bronze à l'époque de la seconde invasion de l'Italie par les Français ; le modèle en terre servit de cible aux arbalétriers de Louis XII ; ils détruisirent un monument qui avait coûté dix ans de travail et que l'Italie comptait parmi ses chefs-d'œuvre à une époque ou elle avait le droit d'être difficile.

Michel-Ange représente le point culminant de la sculpture italienne. Quoiqu'il ait été illustre à la fois comme peintre, comme sculpteur et comme architecte, la sculpture repondait plus particulierement à ses goûts et à son tempérament. Son culte pour l'art grec et la passion avec laquelle il étudiait les fragments antiques qui existaient alors ne nuisit en rien a l'originalité de son génie, et si l'on voulait lui trouver des précurseurs, ce serait moins parmi les Grecs qu'il faudrait les chercher que parmi ses ancètres, les Étrusques. A la force calme, qui était l'idéal de l'art grec, il prefere les formes excessives, les mouvements violents, les attitudes tourmentées ; c'est le caractere qui domine dans ses fresques de la chapelle Sixtine, aussi bien que dans ses principaux ouvrages de sculpture, tels que le Moyse et les statues de la chapelle des Médicis. Ses imitateurs, qui admiraient la puissance de ses formes sans avoir sa science profonde de l'anatomie et la gravité austère de ses conceptions, tombèrent souvent dans l'exagération et la manière. Il disait lui-même, en voyant les premiers symptômes de la décadence en Italie : « Mon style formera des maîtres ignorants. »

Autour de Michel-Ange se groupent les grands sculpteurs italiens qui furent ses contemporains ou ses successeurs immédiats, Torregiano, un peu plus âgé que lui, Sansovino, de quelques années plus jeune, Baccio Bandinelli, Benvenuto Cellini, Jean de Bologne, qui reçurent les conseils de Michel-Ange ou s'inspirèrent de ses œuvres. Avec eux finit la grande école florentine. Dans l'antiquité grecque, l'art s'était développé sous l'influence de la liberté et commença à décroître après la chute des républiques. Il en fut de même en Italie. La prise de Florence, en 1530, et l'établissement définitif de la monarchie des Médicis donnent le signal de la décadence de l'art. Les sculpteurs les plus fameux du XVIIᵉ siècle, le Bernin et l'Algarde ne sont pas des artistes sans talent, mais on trouve dans tous leurs ouvrages ce goût faux et prétentieux qui est le caractère des écoles vieillies. Ce fut encore pis au siècle suivant. Nous donnons comme spécimen des puérilités de cette époque deux statues enveloppées, l'une dans un filet, l'autre dans un voile, qui font le bonheur des touristes et n'ont d'autre mérite que celui de la difficulté vaincue. Vers la fin du XVIIIᵉ siècle, un retour à l'étude de l'antiquité produisit dans toute l'Europe une sorte de seconde Renaissance. L'illustre sculpteur italien Canova se rattache, comme le peintre David et son école, à ce mouvement d'idées qui s'est traduit en politique par la Revolution.

Si en Italie, la renaissance des arts s'était opérée par l'étude des œuvres de l'antiquité, il ne pouvait en être de même dans le reste de l'Europe, qui n'avait pas à sa disposition de pareils modèles pour l'initier. L'orfévrerie religieuse est à peu près la seule forme où s'exerça la sculpture depuis l'invasion des Barbares jusqu'au commencement du XIIᵉ siècle La formation des communes, en créant une société nouvelle, fit naître un art nouveau, et l'architecture ogivale multiplia les statues dans nos monuments religieux. Ces statues peuvent se diviser en deux groupes: les unes longues, roides, le plus souvent placées dans des niches ou couchées sur des tombeaux, representent ordinairement des saints ou des rois ; les autres, mêlées dans l'ornementation, dans les rinceaux, dans les feuillages de pierre, offrent des scenes tirées de l'Ancien et du Nouveau Testament ou de la légende des Saints, et montrent l'imagination des artistes dans sa forme la plus capricieuse. C'est dans l'etude des animaux et surtout des plantes, que les tailleurs de pierre, en France et en Allemagne, prirent l'habitude d'observer la nature, et plusieurs des statues qui ornent les cathédrales de Reims, de Chartres ou d'Amiens, sont déjà extrêmement remarquables.

En Allemagne, la Renaissance a produit plusieurs sculpteurs eminents, et Peter Fischer mérite d'être compté parmi les plus grands maîtres. Mais la réforme de Luther et les dissensions qui en furent la suite arrêtèrent bientôt ce mouvement. L'Allemagne, depuis la Renaissance jusqu'au commencement de ce siècle, où Thorwaldsen a fondé une école nouvelle, a produit en somme peu d'œuvres remarquables dans la statuaire.

Il n'en a pas été de même en France. La sculpture, dont les productions sont déjà tres-remarquables au XIIIe siècle, semble rester stationnaire au XIVe, mais au XVe elle se relève, et recevant de l'Italie les traditions de l'art antique, elle entre dans une phase absolument nouvelle. C'est surtout dans les tombeaux qu'on en peut étudier la progression, jusqu'à François Ier, où elle perd complétement son caractere religieux, se fait païenne dans la forme, et se met à decorer les manoirs et les châteaux. Michel Colomb ouvre la Renaissance et, presque aussitôt après lui, Jean Goujon et Germain Pilon portent la sculpture au plus haut point ou elle soit parvenue en France.

La Ligue et les guerres religieuses amènent dans les arts un moment d'arrêt, mais au temps de Louis XIII une nouvelle école surgit, et la sculpture apporte son contingent de gloire au siecle de Louis XIV. Puget est le plus grand sculpteur du XVIIe siecle, et les nombreux travaux exécutés pour la décoration de Versailles attestent l'activité de nos artistes.

Égarée un moment, à la suite des ouvrages si pleins de charme de Coyzevox et des Coustou, la sculpture française tombe dans l'afféterie au milieu du siècle dernier, et, cherchant ensuite un caractere plus mâle, elle entre resolûment dans la réforme par laquelle Vien et David ont tente de régénérer la peinture et dont Julien, et ensuite Chaudet et Cartelier ont été les instigateurs pour la sculpture.

NOTICE DES PLANCHES

TORREGIANO.

Pierre Torregiano, né à Florence en 1470, fut élève de Bertoldi le Vieux, et étudia, comme Michel-Ange, les fragments antiques réunis dans les jardins de Laurent de Médicis. Un jour que les deux jeunes gens s'étaient pris de querelle, Torregiano frappa Michel-Ange d'un coup de poing si violent qu'il lui brisa les cartilages du nez. Cet acte de brutalité l'obligea à quitter Florence. Il alla successivement à Rome, où le pape Alexandre VI lui fit exécuter des travaux dans la tour de Borgia, en Angleterre, où il fit par ordre de Henri VIII le tombeau de Henri VII dans l'abbaye de Westminster, et, en Espagne, où l'on a conservé de lui plusieurs ouvrages, notamment la Charité et l'Ecce Homo de Grenade. Ayant eu une discussion avec le duc d'Arcos, qui lui avait commandé une Madone, il brisa sa statue, et cette audace, considérée comme un sacrilège par l'Inquisition, le fit enfermer dans les prisons de Séville, où il mourut en 1522.

SAINT JÉROME.

Pl. 1.

Cette statue en terre cuite du couvent des Hiéronymites de Buenavista, près de Séville, représente saint Jérôme, à demi nu, un genou en terre, une croix à la main. Elle aurait six pieds si elle était debout. Le lion, évidemment trop petit, ne peut être considéré que comme un attribut destiné à faire reconnaître saint Jérôme. L'auréole et la croix du Saint sont en métal, la tête de mort est naturelle.

MICHEL ANGE.

Voyez la notice biographique au tome I, école florentine

MOYSE.

Pl. 2

Moyse est représenté assis, les bras nus, la main droite appuyée sur un livre et se jouant dans les boucles de sa longue barbe. La tête, ornée de deux cornes, rappelle celle des Ægipans antiques. Cette statue de dimension colossale, en marbre de Carrare, était destinée à orner le mausolée de Jules II, qui ne fut jamais achevé. Elle se voit à l'église de Saint-Pierre aux Liens. Elle a été gravée par Beatricet et Jacques Mathan.

BACCHUS.

Pl. 3.

Bacchus, debout et entièrement nu, la tête couronnée de grappes de raisin, tient à la main une coupe. Cette statue en marbre, de 2 mètres de hauteur, ouvrage de la jeunesse de Michel-Ange, se voit dans la galerie de Florence. Elle a été gravée par Langlois et Uhner.

LA NUIT.

L'AURORE.

Pl. 4 et 5

Le pape Léon X, voulant faire élever des tombeaux à son frère et à son neveu, chargea Michel-Ange d'exécuter ce travail. Les deux mausolées sont appliqués au mur, en face l'un de l'autre, dans une chapelle attenant à l'église Saint-Laurent, à Florence.

Au-dessous de la statue de Julien, père de Catherine de Médicis, est un cénotaphe surmonté des figures couchées du Crépuscule et de l'Aurore. Celles du Jour et de la Nuit sont placées sur un cénotaphe semblable au-dessous de la statue de Laurent.

Au-dessous de la Nuit, le poëte Strozzi écrivit un quatrain dont voici le sens : « La Nuit, que tu vois dans une si douce attitude, a été sculptée par un Ange. Dans cette pierre,

et quoique elle dorme, elle est vivante. Si tu ne le crois
pas, éveille-la, et elle te parlera.. » Michel-Ange écrivit
au-dessous la réponse de la Nuit : « Il me plaît de dormir
et plus encore d'être de pierre, tant que durent la misère
et la honte. Ne pas voir, ne pas sentir, m'est un grand
avantage. Ainsi ne m'éveille pas, de grâce, parle bas. »

BENVENUTO CELLINI.

Benvenuto Cellini, orfévre, sculpteur et graveur, naquit
à Florence, en 1500. Lors du sac de Rome par le connétable de Bourbon, il se réunit à quelques amis pour faire
résistance, et, dans ses *Mémoires*, il se vante d'avoir tué le
connétable d'un coup d'arquebuse.

Sous le pape Paul III, accusé d'avoir détourné les joyaux
de la couronne pontificale, il fut mis en prison et n'en sortit
que sur les instances de François Ier, qui le fit venir en
France. Son Persée vainqueur de Méduse, groupe en bronze
qui se voit sur la grande place de Florence, était celui de
ses ouvrages qu'il estimait le plus, et avec raison. Parmi
ses ouvrages en marbre, on cite un Christ dans la chapelle
du palais Pitti. Ses ouvrages d'orfévrerie sont rares et très-
recherchés. Un des plus célèbres est une nef en or massif
qu'il avait faite pour François Ier, et qui se trouve maintenant à Vienne dans le Bas Belvédère.

Outre ses Mémoires, il a écrit un Traité sur la sculpture
et la manière de travailler l'or. Il mourut à Florençe
en 1571,

NYMPHE DE FONTAINEBLEAU.

Pl 6

La Nymphe, entièrement nue, couchée et appuyée sur une urne, passe son bras droit autour du cou d'un cerf dont la tête est en haut relief ; alentour sont des chiens, des biches et des sangliers.

Ce bas-relief en bronze, exécuté pour le château de Fontainebleau, fut placé à l'entrée du château d'Anet et figure aujourd'hui dans une des salles du Musée du Louvre.

JEAN GOUJON.

Une inconcevable obscurité enveloppe toute l'histoire de Jean Goujon. On ignore le lieu et la date de sa naissance, et bien qu'une opinion populaire le fasse mourir à la Saint-Barthélemy, ce fait, dénué de preuves, est aujourd'hui contesté. En 1441 et 1442, il travailla pour la cathédrale de Rouen et l'église Saint-Maclou. Peu de temps après, il fit des sculptures pour le jubé de Saint-Germain-l'Auxerrois à Paris. Les sculptures du château d'Ecouen, attribuées à Jacques Bullant, se rapprochent par le caractère des ouvrages de Jean Goujon. Ses œuvres les plus célèbres sont la Diane du musée du Louvre, les Caryatides de la tribune des Suisses et celles de la cour du Louvre, près du pavillon de l'horloge, les bas-reliefs de la fontaine des Innocents et ceux qui décorent la porte de l'hôtel Carna-

valet. Il avait, avec Jean Cousin, décoré le château d'Anet.
Il était également célèbre comme architecte et il a fait des
dessins pour une traduction française de Vitruve.

DIANE.

Pl 7

La Déesse, appuyée sur un cerf aux cornes d'or et gardée
par ses deux chiens, repose sur un socle de forme bizarre
orné de crabes, d'écrevisses et de chiffres amoureux.
Elle est entièrement nue, contrairement aux traditions de
l'art grec, qui n'admettait la nudité absolue pour les figures
de femmes que dans les représentations d'Aphrodité et des
Néréides. La coiffure est une de celles qu'ont adoptées les
femmes du XVIᵉ siècle, et comme cette statue surmontait
originairement une fontaine du château d'Anet, on a sup-
posé sans preuves qu'elle représentait la duchesse de Valen-
tinois. Ce chef-d'œuvre de la statuaire française aurait
disparu sous la Révolution sans le zèle de M. Lenoir, qui en
rassembla les débris au musée des monuments français. La
Diane est aujourd'hui au musée du Louvre.

DIANE (bas-relief).

P. 8

Comme dans la statue du Louvre, la Déesse est nue et
passe son bras autour du cou d'un cerf. L'autre bras repose

sur un chien. Ce petit bas-relief, qu'on suppose provenir du château de Sceaux, s'est trouvé depuis la Révolution chez un particulier, et a passé depuis dans le cabinet de M. Alexandre Lenoir.

NYMPHES.

Pl 9 et 10

Ces deux bas-reliefs font partie de la décoration de la fontaine des Nymphes, plus connue sous le nom de fontaine des Innocents, parce qu'elle avait été construite près de l'église des Innocents. Jean Goujon avait décoré trois faces de ce monument primitivement adossé aux maisons Lorsqu'on l'isola, une quatrième face fut décorée par Pajou. Cette fontaine est placée aujourd'hui au milieu d'un square. Les deux bas-reliefs que nous donnons ici, remarquables, comme tous les ouvrages analogues de Jean Goujon, par l'élégance des formes et la modération des saillies, représent deux Nymphes, l'une de profil et tenant une urne, l'autre de face et appuyée sur une rame.

GERMAIN PILON.

On n'est pas mieux renseigné sur Germain Pilon que sur Jean Goujon. Il était probablement Parisien, mais originaire du Maine ; la date de sa naissance est incertaine. Germain Pilon a été un des artistes les plus féconds de la Renaissance. Il a travaillé en marbre, en bronze, en bois et en terre. Le Louvre possède de lui, outre le groupe des

trois Grâces, un monument funéraire très-célèbre, celui du
cardinal chancelier de Birague et de sa femme, et les bustes
de Henri II, Charles IX et Henri III, qu'on dit avoir décoré
autrefois le château de Raincy. Dans le tombeau de
François Iᵉʳ, construit sur les dessins de Philibert de Lorme,
les figures allégoriques d'enfants sont de Germain Pilon.
Aucun de nos sculpteurs n'a subi autant que lui l'influence
du Primatice. D'après Blaise de Vigenère, Germain Pilon
mourut en 1590.

LES TROIS GRACES.

Pl. 11

Ces trois figures, debout, drapées, adossées l'une à
l'autre et se tenant par les mains, peuvent être prises aussi
bien pour les Vertus théologales que pour les Grâces, dont,
au reste, le vrai nom était les Charités Ce groupe, taillé
dans un seul bloc de marbre, était destiné à porter une
urne qui contenait le cœur de Henri II. Le piédestal n'est
pas de Germain Pilon.

BALTHASAR MARSY.

Balthasar Marsy, né à Cambrai en 1628, et son frère
Gaspard, de deux ans plus âgé, travaillèrent quelques années
sous les ordres de Sarrazin, d'Anguier et de Van Obstal; ils
sculptèrent ensemble le tombeau de Casimir, roi de Po-
logne, dans l'église de Saint-Germain des Prés, et exécu-

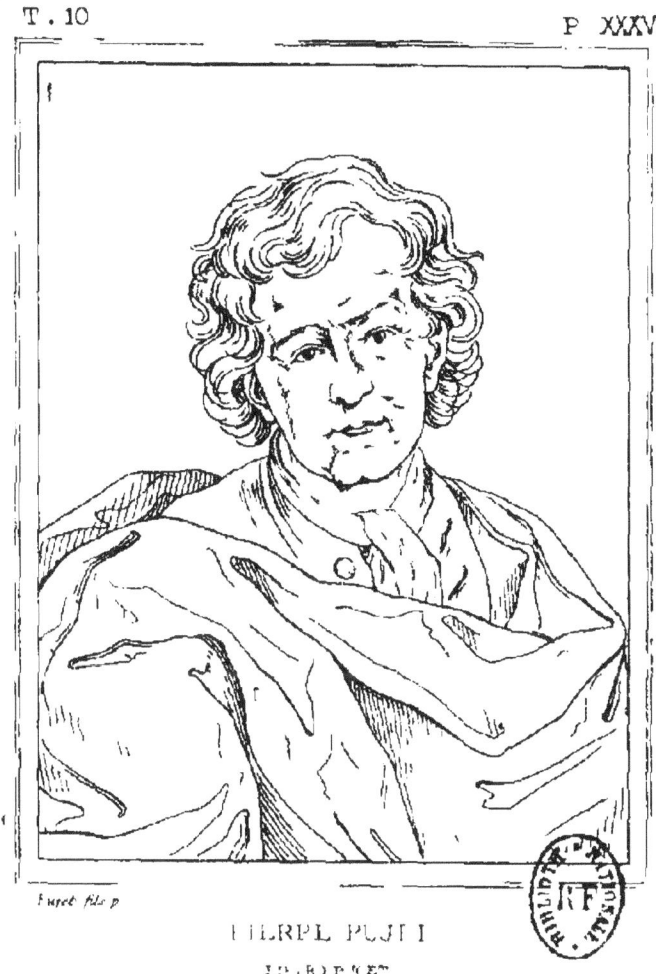

Furet fils p

HERPL PUJI I

ISARDPNE

térent des travaux de sculpture décorative en stuc pour la
galerie d'Apollon au Louvre et des groupes en plomb pour
les bassins du jardin de Versailles

Leurs talents ne furent jamais mieux inspirés que quand
ils furent réunis. Balthasar Marsy mourut à Paris en 1674,
Gaspard en 1681.

LATONE ET SES ENFANTS.

Pl. 12.

La mère d'Apollon et d'Artémis implore la vengeance de
Zeus contre les Lyciens qui lui avaient refusé à boire et
qui furent changés en grenouilles. Ce groupe de marbre est
placé au milieu d'un des bassins de Versailles, au sommet
d'une estrade à plusieurs gradins de marbre rouge. A l'en-
tour sont disposées soixante-quatorze figures de Lyciens
dans différents états de métamorphose, et tous jettent de
l'eau vers la Déesse.

Jean Edelinck a gravé ce groupe en 1679.

PIERRE PUGET.

Pierre Puget, sculpteur, peintre, architecte et constructeur de navires, naquit à Marseille en 1622, d'une famille
ancienne et assez illustre, quoique tout à fait dénuée de
fortune. Il se livra très-jeune à l'étude des beaux arts,
mais sans méthode et sans direction. A quatorze ans, il fut

mis en apprentissage, comme sculpteur en bois, chez un
constructeur de navires, et à dix-sept ans il partait pour
l'Italie.

Réduit à solliciter en route du travail pour gagner son
pain, Pujet arriva à Florence dans le dénûment le plus
complet. Ses hardes étaient déjà en gage, quand un fabri-
cant de meubles, lui ayant confié un travail à titre d'essai,
en fut si charmé qu'il le logea chez lui, l'employa et en fit
son ami. Mais c'était Rome que Pujet voulait voir, si bien
qu'au bout d'un an il quitta son patron, qui lui donna une
lettre de recommandation pour Pietre de Cortone. Celui-ci
vit ses dessins et devina le futur grand artiste. Il le fit
peindre et l'associa bientôt à ses travaux. On montre
encore dans le fameux plafond du palais Barberini deux
figures de Tritons qui sont désignées comme l'œuvre de
Pujet.

Il revint à Marseille en 1643 et fut chargé par le duc
de Brézé de dessiner un vaisseau de guerre. Il réunit
bientôt, aux talents déjà acquis, le génie de l'architecture,
qui se développa surtout dans un second voyage à Rome,
consacré à l'étude attentive des monuments de l'antiquité.
De retour à Marseille, où l'amour du sol natal le ramenait
sans cesse, il commença ces travaux en tout genre dont il
a enrichi le midi de la France. Pour Marseille, Aix et Toulon, il fit ses grands projets d'architecture qui comprenaient
de vastes édifices et des rues entières; les églises se rem-
plirent de ses ouvrages peints, et il fit même un assez
grand nombre de tableaux de chevalet. Une maladie le fit
renoncer à la peinture et décida de son avenir; à partir de
ce moment, il fut sculpteur sans cesser d'être architecte.
Les caryatides de l'hôtel de ville de Toulon furent son
premier essai. Appelé en Normandie par le marquis de

Vaudreuil, il fit pour lui une statue d'Hercule et un groupe
de Janus et Cybèle. A Paris, le surintendant Fouquet voulut
l'employer aux travaux qu'il projetait pour son château des
Vaux et l'envoya à Carrare pour y choisir ses marbres.
Après la disgrâce de Fouquet, il s'établit à Gênes et y fit
de nombreux ouvrages de sculpture, entre autres, le saint
Sébastien, un de ses chefs-d'œuvre.

Rappelé à Toulon, il fut chargé de diriger les construc-
tions navales, mais l'importance qu'il donnait à la partie
artistique de ce travail lui suscita un conflit avec la marine.
Il reçut l'ordre de s'assujettir pour la sculpture à ce qui
serait résolu par les officiers et les charpentiers du port. Il
en tint peu de compte, la docilité n'étant pas le trait domi-
nant de son caractère ; les plaintes recommencèrent, et
Colbert lui retira ses fonctions. Puget déploya alors son
activité dans une sphère plus digne de lui et entreprit ses
grands ouvrages de marbre. Le Milon, l'Andromède, la
Peste de Milan, presque tous les chefs-d'œuvre du maître,
datent de sa vieillesse. Mais traversé par l'intrigue et la
jalousie, il ne put réaliser les grands projets qu'il avait
conçus pour Versailles, entre autres, la statue colossale
d'Apollon qui devait, au milieu du grand canal, se lever
sur des rochers où se groupaient des Tritons et des Sirènes.
L'époque la plus glorieuse de son talent fut précisément
celle où il fut abreuvé d'injustices. Malgré les éloges qu'il
recevait du roi, ce fut à peine si le prix qu'on lui donna
pour le Milon et l'Andromède put couvrir les frais que ces
ouvrages lui avaient coûté.

Son caractère était trop fier et trop indépendant pour se
plier aux règles hiérarchiques que Louis XIV avaient éta-
blies jusque dans le domaine des arts. Il n'eut point de part
aux faveurs prodiguées à cette époque aux artistes courti-

sans, et celui qu'on a surnommé avec raison le Michel-Ange de la France, ne fut pas de l'Académie.

Il mourut à Marseille, en 1694, à peu près oublié.

Il a formé peu d'élèves illustres. Les qualités qui distinguent ses ouvrages, la passion, la force, le tempérament, sont surtout des qualités personnelles, et peut-être ne possédait-il pas au même degré la méthode et l'aptitude à l'enseignement.

MILON DE CROTONE.

Pl 13.

L'Athlète, debout et nu, est représenté faisant un suprème effort pour arracher sa main droite de l'arbre qui l'étreint et ne cède pas, et repoussant de la gauche la gueule du lion attaché à ses flancs qui le déchire des dents et des griffes. Le nom de Puget est gravé sur la base. Cette statue, un des chefs-d'œuvre de la sculpture française, ornait autrefois une des allées du parc de Versailles. Elle est aujourd'hui au Musée du Louvre.

PESTE DE MILAN.

Pl 14.

Saint Charles Borromée, à genoux, implore la clémence divine. Autour de lui sont deux diacres portant la croix et le saint ciboire, un fossoyeur enterrant un cadavre et des malades dans les convulsions de l'agonie. Dans les nuages

on voit des anges portant une croix. Ce bas-relief, composé
comme un tableau, est le dernier ouvrage de Puget et
n'était pas encore achevé lorsqu'il mourut.

GIRARDON.

François Girardon naquit à Troyes, en 1628. Il eut pour
maître, en son enfance, un menuisier, sculpteur en bois
Son goût se développa en voyant les œuvres élégantes dont
le Champenois, François Gentil, et le sculpteur florentin
Domenico, amené en France par Rosso au XVIe siècle, ont
enrichi les églises de Troyes. Envoyé à Rome par la pro-
tection du chancelier Séguier, il y gagna l'amitié du peintre
Lebrun qui, plus tard, dans la décoration des jardins de
Versailles, lui fournit les dessins de ses statues. Il devint
membre de l'Académie de peinture, puis chancelier de
cette compagnie, enfin inspecteur des ouvrages de sculpture
exécutés pour le roi; sa vie fut partagée entre Paris et sa
ville natale qu'il n'oublia jamais et pour laquelle il a beau-
coup travaillé. Après avoir exécuté de nombreux travaux, il
mourut à Paris en 1715. Sa femme, Catherine Duchemin,
membre de l'Académie de peinture, s'est fait un nom par
des tableaux de fruits et de fleurs.

APOLLON CHEZ THÉTIS.

Pl 15.

Apollon, après avoir achevé sa course dans le ciel, se repose au milieu des Néréides. Six des sept figures qui com-

posent ce groupe, le plus considérable qu'on connaisse,
sont prises dans un même bloc de marbre blanc. Girardon,
auteur de cette vaste composition, exécuta la figure d'Apollon, celles des deux Néréides agenouillées et celle qui est
debout à droite. Les trois autres ont été sculptées par
Renaudin. Ce groupe, qui orne une grotte du jardin de Versailles, a été gravé par Gérard Edelinck.

ENLÈVEMENT DE PROSERPINE.

Pl. 16.

Le Roi des Morts est debout, tenant dans ses bras la jeune
Déesse qu'il a ravie pendant qu'elle cueillait des fleurs, et
qui cherche en vain à lui résister. Une Nymphe étendue à
terre complète le groupe, exécuté par Girardon d'après un
dessin de Lebrun pour le jardin de Versailles. Il est placé
dans le bosquet de la Colonnade. Gérard Audran l'a repro-
duit par la gravure en 1680.

TOMBEAU DE RICHELIEU.

Pl. 17

Le Cardinal est à demi couché et soutenu par la Religion. A ses pieds est placée l'Histoire abattue et pleurant la mort du grand ministre, dont le nom et les titres
sont inscrits sur une draperie à la face antérieure du monument.

Ce beau mausolée, exécuté par Girardon, d'après un dessin de Lebrun, fut placé dans l'église de la Sorbonne. Transporté au Musée des Petits-Augustins pendant la Révolution, il a repris depuis sa place primitive. Il a été gravé sur quatre faces par Charles Simoneau.

EDME BOUCHARDON.

Edme Bouchardon naquit à Chaumont en Bassigny en 1698. Son père, sculpteur et architecte, le dirigea dans la carrière des arts. Il se livra d'abord à la peinture, puis préféra la sculpture, entra dans l'atelier de Coustou le jeune, obtint le grand prix et partit pour Rome, où il fit de nombreux dessins d'après les statues antiques et les tableaux de Raphaël et du Dominiquin, et sculpta les bustes de Clément XII et des cardinaux de Richelieu et de Polignac. Revenu en France, où il fut nommé académicien, en 1745, il fit pour le jardin de Versailles le modèle d'une des figures qui ornent le grand bassin de Neptune. Ses derniers ouvrages furent la statue équestre de Louis XV, détruite à la fin du dernier siècle et la fontaine monumentale de la rue de Grenelle. Il ne put terminer les figures du piédestal et demanda, quelques jours avant sa mort, que Pigalle achevât ce qui manquait. Il était instruit, aimait l'antiquité, et fut l'ami du comte de Caylus qui a écrit sa vie. Il mourut en 1762.

L'AMOUR TAILLANT SON ARC.

Pl 18

« L'Amour se fait un arc de la massue d'Hercule avec les armes de Mars. » C'est sous cette désignation que Bouchardon exposa en 1739 un premier modèle en terre cuite, et un second en 1746. La statue en marbre terminée en 1750 fut d'abord placée à Versailles, puis au château de Choisy et, ensuite, reléguée dans un des magasins du roi. On la plaça plus tard dans le jardin de Trianon, où il y en a aujourd'hui une copie. L'original est au Louvre.

FR. QUEIROLO.

Une grande obscurité enveloppe la biographie de cet artiste qui était natif de Gênes, et travaillait à Naples vers le milieu du XVIII° siècle. La date de sa naissance est inconnue.

SANGRO, PRINCE DE SAN SEVERO.

Pl. 19

L'église de Sainte-Marie de la Piété, à Naples, renferme les tombeaux des princes de la famille San-Severo. Plusieurs de ces tombeaux sont ornés de sculptures remarquables, surtout comme curiosités artistiques. Celle qu'on désigne ordinairement sous le titre du *Vicieux desabusé*, représente Sangro, prince de San-Severo, à moitié enveloppé dans un filet dont il cherche à se débarrasser. Un ange, ou plutôt un génie ailé, semble venir à son aide. Le filet, qui n'est adhérent que dans très-peu de parties, est en marbre comme le reste du groupe, ce qui offrait de très-grandes difficultés pratiques dans l'exécution.

CORRADINI.

Corradini, sculpteur vénitien qui vivait au milieu du xviiie siècle, obtint de son vivant une assez grande célébrité et travailla longtemps pour l'empereur Charles VI. Il est aujourd'hui à peu près oublié.

LA PRINCESSE DE SAN-SEVERO.

Pl 20.

Cette statue, comme la précédente, se recommande par le mérite de la difficulté vaincue. La princesse de San-Severo est représentée enveloppée d'un voile très-léger qui laisse deviner les formes du corps.

PIGALLE.

Jean-Baptiste Pigalle, né à Paris en 1714, fut placé huit ans chez le sculpteur le Lorrain. Il semblait n'avoir aucune

disposition, cependant il s'obstina à continuer ses études, et
entra à vingt ans chez Lemoyne. Il ne put obtenir le prix
et partit néanmoins pour Rome où il resta trois ans à étudier
les monuments antiques. Il s'arrêta à Lyon, à son retour,
et y fit son Mercure qui le fit recevoir à l'Académie. Il fit
successivement un portrait en pied de madame de Pompa-
dour, une Vénus pour le roi de Prusse, les tombeaux du
maréchal de Saxe et du duc d'Harcourt, une statue équestre
de Louis XV et une statue de Voltaire entièrement nue,
placée aujourd'hui dans un coin obscur de la bibliothèque
de l'Institut, et qui est cependant un chef-d'œuvre, non pas
au point de vue du goût, mais pour la vérité de l'exécution.
Il mourut en 1785.

TOMBEAU DU MARÉCHAL DE SAXE.

11 21

Le vainqueur de Fontenoy, Maurice, comte de Saxe,
debout, couronné de lauriers, descend dans la tombe, d'où
la figure de la France cherche à l'éloigner en repoussant la
Mort représentée par un squelette enveloppé d'un linceul et
tenant un sablier. Hercule pleure la mort du héros, un aigle,
un lion, des drapeaux, entourent les figures, qui sont de
marbre blanc et plus grandes que nature, et auxquelles sert
de fond un obélisque de marbre noir. Ce mausolée occupe
tout le fond de l'église de Strasbourg.

JULIEN.

Pierre Julien, né en 1731, près du Puy en Velay, fut élève de Guillaume Coustou. Envoyé à Rome, comme pensionnaire, il y fit des copies réduites de l'Apollon du Belvédère et du Gladiateur. Il travailla avec Coustou, son maître, au tombeau du dauphin dans l'église de Sens, entra à l'Académie en 1779 sur une figure représentant un Guerrier mourant, et fut chargé de faire la statue de La Fontaine et celle du Poussin, qui ne fut terminée que l'année de sa mort, en 1804.

NYMPHE A LA CHÈVRE.

H 22

Une jeune fille nue, ramenant sur son sein une draperie, et assise sur un rocher, conduit une chèvre qui se baisse pour boire. Cette figure, de marbre blanc, destinée à la laiterie construite pour Louis XVI au château de Rambouillet, est aujourd'hui dans une des salles du Louvre.

STOUF.

Jean-Baptiste Stouf, né à Paris en 1743, étudia chez Michel-Ange Slodtz, remporta le prix de Rome et fut admis à l'Académie en 1785 ; son morceau de réception était une figure d'Abel expirant. Il fut nommé membre de l'Institut en 1817, et mourut en 1826.

SUGER.

Pl. 23.

Le ministre de Louis VII est représenté en costume de moine ; à ses pieds sont la mitre et la crosse qu'il a déposées pour tenir le sceptre et protéger la couronne de France. Cette statue, placée d'abord sur le pont de la Concorde, est aujourd'hui dans la cour du palais de Versailles.

MARIN.

Jean-Charles Marin, sculpteur français, né en 1773, mort en 1812, s'est fait remarquer dans plusieurs de nos expositions. Ses principaux ouvrages sont une statue de Tourville à Versailles, un Télémaque au château de Fontainebleau et une statue de M. de Tourny à Bordeaux.

TOURVILLE.

Pl. 24.

Tourville, l'épée d'amiral dans la main droite, s'appuie sur une ancre de vaisseau ; derrière lui sont des trophées rappelant le bombardement d'Alger et la victoire remportée en 1690 sur la flotte des Anglais et des Hollandais. Cette statue, placée autrefois sur le pont de la Concorde, est aujourd'hui à Versailles.

DUPASQUIER.

Dupasquier, sculpteur français, né en 1750, s'adonna de bonne heure à la sculpture. Cet artiste, un peu oublié aujourd'hui, a fait des ouvrages estimés qui ont figuré à diverses expositions sous la Restauration et sous Louis-Philippe.

DUGUAY-TROUIN.

PL. 25.

Duguay-Trouin est représenté en costume militaire du XVIIe siècle, une hache d'abordage à la main, en souvenir de la prise de Rio-Janeiro. Cette statue, une de celles qui ornaient le pont de la Concorde, a été transportée à Versailles.

CLAUDE RAMEY.

Claude Ramey, né à Dijon en 1754, élève de Devouge et de Gois père, obtint le prix de sculpture en 1782.

2.

RICHELIEU.

Pl. 26.

Richelieu, en costume de cardinal, tient à la main les lettres-patentes pour la fondation de l'Académie. Statue du pont de la Concorde, aujourd'hui dans la cour d'honneur de Versailles.

JOHN FLAXMAN.

John Flaxman, sculpteur et dessinateur, naquit à York en 1755, étudia d'abord chez son père qui était mouleur de figures. A quinze ans, il obtint la médaille à l'Académie royale ; à trente ans, ayant déjà une certaine réputation, il partit pour l'Italie. Ses principaux ouvrages de sculpture sont le mausolée de lord Mansfeld à Westminster, une statue de la Résignation en marbre blanc qui forme, avec deux bas-reliefs, la décoration d'un monument funéraire, un bas-relief représentant le Bouclier d'Achille, d'après la description d'Homère. Ses statues de la Comédie et de la Tragédie et deux bas reliefs représentant l'un le drame ancien, l'autre le drame moderne, décorent le théâtre de Covent Garden. Flaxman est surtout connu par ses beaux dessins sur l'Iliade et l'Odyssée, les poemes d'Hésiode, les drames d'Eschyle, la Divine Comédie du Dante, et l'Oraison dominicale. Ces dessins ont été plusieurs fois gravés et sont devenus la partie la plus populaire de son œuvre. Il a publié en 1826 des Leçons sur la sculpture. Il mourut en 1829.

QUE VOTRE RÈGNE ARRIVE.

Pl 27.

Une Femme soulevant son linceul est transportée au Ciel par les Anges. Cette composition forme le sujet d'un des deux bas-reliefs qui ornent, avec la statue de la Résignation, le monument élevé par Sir Baung Best à la mémoire de sa femme dans l'église de Micheldever (Hampshire).

CARTELIER.

Pierre Cartelier, né à Paris en 1757, fut élève de Bridan. En 1816, il fut nommé membre de l'Institut, puis professeur à l'école des Beaux-Arts. Parmi ses ouvrages, on remarque les statues d'Aristide, de Vergniaux, de l'impératrice Joséphine, de Louis XV, du général Walhubert, de Pichegru, la Pudeur, la Victoire sur son char, bas-relief qui est au-dessus de la porte du Louvre du côté de la colonnade, un des bas-reliefs de l'arc de triomphe du Carrousel représentant la capitulation d'Ulm. Il mourut en 1831.

LA PUDEUR.

Pl 28.

La Pudeur est figurée par une jeune fille ramenant son voile sur son sein et tournant la tête d'un air inquiet. On

se demande pourquoi l'artiste a placé près d'elle une tortue,
animal qui, dans les statues antiques, est un attribut
d'Hermès et d'Aphrodite. Cette statue a été gravée par
Forster.

ARISTIDE.

PL. 29.

Il est debout, drapé dans un manteau jeté en travers,
le bras droit et les jambes nues. Il tient de la main droite
un stylet, de l'autre, une coquille qu'il tend d'un air résigné
au citoyen qu'il avait prié d'y écrire son nom. C'est une
allusion à une anecdote bien connue. Le peuple d'Athènes,
mis en demeure par Aristide d'opter entre lui et Thémis-
tocle, et ennuyé de leurs querelles, choisit celui qu'il
croyait le plus utile à l'État en écartant l'autre au moyen de
cet exil temporaire qu'on nommait l'ostracisme, d'un mot
qui veut dire *coquille*, parce qu'on inscrivait sur des coquilles
le nom du citoyen qu'on voulait éloigner. Un paysan, voulant faire écrire le nom d'Aristide, s'adressa précisément
à lui : — « Quel mal t'a-t-il fait? — Aucun, je ne le con-
nais même pas, mais je suis fatigué de l'entendre appeler le
Juste. » Aristide comprenant sans doute qu'une démocratie
a droit de se garder des popularités dangereuses, écrivit
sans dire un mot son nom sur la coquille.

CANOVA.

Antoine Canova, né à Possagno, territoire de Venise, en
1757, eut pour maîtres deux sculpteurs vénitiens, Torretti

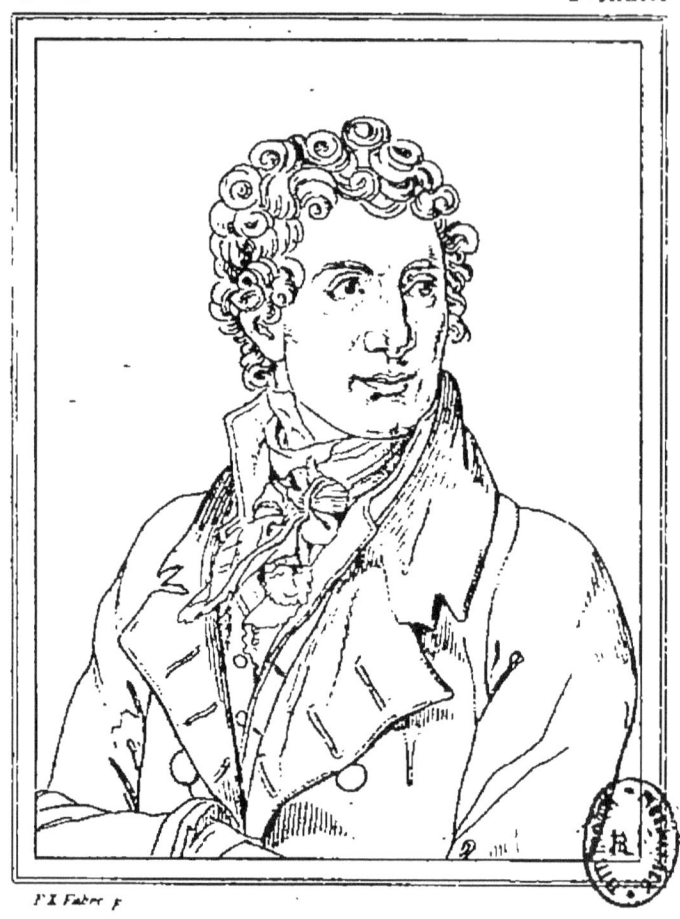

F. X Fabre f.

ANTOINE CANOVA

ANTONIO CANOVA

et Ferrari. A vingt-deux ans, il fit un groupe de Dédale et
Icare, dont le succès fut tel que le sénat de Venise l'envoya
étudier à Rome où il se lia avec Winckelmann et Raphaël
Mengs. Sa réputation atteignit en quelques années une telle
hauteur, que lorsque le musée du Vatican fut privé, par les
conquêtes de la France, de ses plus belles statues antiques,
Pie VII fit mettre le Persée de Canova à la place qu'avait
occupée l'Apollon du Belvédère. Florence lui demanda une
Vénus pour remplacer la Vénus de Médicis. La statue de
la Madeleine, exposée à Paris en 1801, y établit sa réputation. Il y vint bientôt pour faire une statue du premier
Consul; cette œuvre, qui ne plût pas au modèle, est deve-
nue la propriété du duc de Wellington. Canova a sculpté
cinquante-trois statues, quatorze groupes, quatorze céno-
taphes, huit grands monuments, sept colosses, cinquante-
quatre bustes et vingt-six bas-reliefs, en tout cent soixante-
seize ouvrages; son œuvre a été publiée à Paris et à
Londres en deux volumes in-4, 1824. Les derniers temps
de sa carrière furent occupés par la construction d'un
temple à Possagno, sa patrie. Il mourut à Venise en 1822.

SAINTE MADELEINE.

Pl. 30.

La Sainte que la tradition identifie avec la Grande Péche-
resse de l'Évangile, est représentée à genou, sans autre
vêtement que ses longs cheveux et un lambeau d'étoffe
retenu par une corde. Elle pleure en regardant une croix
qu'elle tient dans ses deux mains; auprès d'elle est une tête
de mort. Cette statue, destinée par Canova à sa ville natale,

devint la propriété de M. Juliot, et plus tard de M. de Sommariva.

VÉNUS VICTORIEUSE.

PL. 31.

Elle est à demi couchée sur un lit élégamment orné, le haut du corps et les jambes nus, les cuisses couvertes d'une draperie, et tient à la main une pomme, attribut de Vénus victorieuse. Cette statue, qui passe pour le portrait de la princesse Borghèse, a été gravée par Marchetti.

POLYMNIE.

PL. 32

Une femme assise, dans l'attitude de l'improvisation, sur un fauteuil, au bras duquel est suspendue une couronne, laisse difficilement deviner Polymnie, caractérisée dans les statues antiques par l'ample manteau dont elle s'enveloppe. Derrière elle est un masque scénique qui pourrait la faire prendre pour une Melpomène.

HÉBÉ.

Pl 33.

Hébé, la jeunesse personnifiée, est représentée dans un mouvement vif et léger, les pieds à peine posés sur le sol, la poitrine nue, le bas du corps couvert d'une robe voltigeante, tenant de la main droite une aiguière, de l'autre, une coupe. Cette statue a été gravée· sous deux aspects différents par Marchetti et Baretti.

LES GRACES.

Pl. 34

Les Grecs exprimaient le lien mutuel du bienfait et de la reconnaissance par trois Déesses qu'ils nommaient les Charités, mot que les Latins ont traduit par Grâces. Le groupe antique conservé dans la *Libreria* de la cathédrale de Sienne et imité par Raphael, les représente par trois jeunes filles nues se tenant mutuellement embrassées. En suivant ce type consacré, Canova a traduit son sentiment personnel dans le mouvement des corps et surtout dans celui des têtes qui n'est pas exempt d'afleterie. Ce groupe, commandé par l'impératrice Joséphine, ne fut terminé qu'en 1816 et fut acquis par le duc de Bedfort.

PARIS.

Pl 35

Le berger troyen est représenté nu, coiffé du bonnet phrygien, le bras gauche accoudé sur un tronc d'arbre auquel est suspendu son manteau, la main droite ramenée derrière la hanche et tenant la pomme d'Éris. Cette statue fut exécutée en 1814 pour le prince de Bavière.

THÉSÉE, VAINQUEUR D'UN CENTAURE.

Pl. 36

Le héros, nu et coiffé d'un casque, va frapper de sa massue un Centaure renversé sur la poitrine duquel il appuie le genou en même temps qu'il lui serre la gorge de la main gauche. Ce groupe est placé près des remparts de Vienne, dans un petit temple imité du temple de Thésée à Athènes.

ROGUIER.

Henri-Victor Roguier naquit à Besançon en 1758 et fut élève de Boizot. Il se livra à la sculpture d'ornement, exécuta les modèles d'une toilette en vermeil pour Marie-Louise, d'après les dessins de Prudhon, d'un berceau pour le roi de Rome, et en 1825, d'après les dessins de Percier, les modèles des ornements de la voiture du sacre de Charles X. Il avait fait en 1814 le modèle de la statue colossale de Henri IV, exécutée en peu de jours pour décorer le Pont-Neuf lors du passage de Louis XVIII à Paris.

DUQUESNE.

Pl. 37

Il est représenté dans une attitude très-animée, appuyé sur un canon et donnant ordre de bombarder Alger. Cette statue, une de celles qui étaient placées sur le pont de la Concorde, est aujourd'hui dans la cour du palais de Versailles.

LESUEUR.

Jacques-Philippe Le Sueur, né à Paris en 1757, élève de Duret, fut chargé à l'âge de vingt et un ans, par M. de Girardin, d'exécuter le tombeau de Jean-Jacques Rousseau dans l'île des Peupliers, à Ermenonville. Ayant eu le grand prix de sculpture, il alla à Rome vers 1780, et à son retour fit un groupe des Trois Grâces, un des bas-reliefs qui décoraient le péristyle du Panthéon, la Paix de Presbourg pour l'arc de triomphe du Carrousel, un des frontons de la cour du Louvre, les statues de Montaigne et de Suffren. Il fut appelé à l'Institut en 1816, et mourut en 1832.

SUFFREN.

Pl. 38

Le bailli de Suffren, dont l'uniforme est en partie caché par un ample manteau, tient d'une main son épée et de l'autre le traité de paix de 1783. Près de lui sont un tronc de palmier, une ancre et des instruments de marine. Statue placée ci-devant sur le pont de la Concorde, aujourd'hui à Versailles.

CHAUDET.

Antoine-Denis Chaudet, sculpteur et peintre, né à Paris en 1763, fut élève de Stouf et remporta le grand prix de sculpture. Agréé à l'Académie en 1789, il exposa une statue de la Sensibilité, puis un groupe de l'Émulation et la Gloire pour le péristyle du Panthéon, le bas-relief d'un des rontons de la cour du Louvre, une statue de Napoléon pour le Corps législatif et une autre qui fut placée sur la colonne de la place Vendôme, une statue de la Paix, qui fut exécutée en argent et placée dans le palais des Tuileries. Dans un genre moins grave, il fit les compositions intitulées le Nid d'Amour, Paul et Virginie, Cypanisse pleurant un cerf qu'il a tué par mégarde. Mais ses œuvres les plus importantes ont été détruites, la statue de Napoléon, le fronton du Corps législatif, l'Hercule de la place des Invalides, la Minerve du Panthéon. Le Louvre a de lui une statue de l'Amour et un Berger rappelant Œdipe enfant à la vie. Il fit aussi un tableau représentant Énée portant Anchise. Il mourut en 1810.

NAPOLÉON.

P. 39

Il est couronné de lauriers, chaussé de sandales et vêtu d'une tunique romaine en partie couverte par un large manteau qui retombe en arrière jusqu'à terre. Il tient un rouleau à la main. Cette statue en marbre de Carrare fut

placée dans la salle des séances du Corps législatif et y resta
jusqu'en 1814.

GOIS.

Edme-Étienne-François Gois, né à Paris en 1765, fut
élève de son père et remporta le grand prix de sculpture
en 1790. Il fut reçu à l'Académie en 1777. Il fit une
Jeanne d'Arc en bronze pour la ville d'Orléans, le mausolée
du duc de Berry dans une des églises de Lille, le modèle
en plâtre d'une Descente de Croix dans l'église Saint-Ger-
vais à Paris. Il mourut en 1823.

TURENNE.

Pl. 40

Il est debout et tient à la main le bâton de maréchal de
France. Aux pieds, une bombe, un obusier et des traités de
paix rappelant la soumission de la Flandre et de la Franche-
Comté Statue faite pour le pont de la Concorde, d'où elle a
été transportée dans la cour du palais de Versailles.

BRIDAN.

Pierre-Charles Bridan, né à Paris en 1766, élève de son
père, remporta le prix de Rome en 1791. On cite parmi
ses ouvrages la statue d'un artilleur placée sur l'arc de

triomphe du Carrousel, celles de Duguesclin, de Bossuet,
d'Epaminondas mourant. On lui doit douze des bas-reliefs
de la colonne Vendôme. Il avait entrepris l'immense colosse
de l'Éléphant qui devait servir de fontaine sur la place
de la Bastille.

DUGUESCLIN.

Pl. 41.

Duguesclin, vêtu de son armure, est appuyé sur l'épée
de connétable et soutient l'écu de France. C'est une des
statues faites pour le pont de la Concorde et qui se voient
aujourd'hui dans la cour du palais de Versailles.

LEMOT.

François-Frédéric Lemot, né à Lyon en 1771, était fils
d'un menuisier qui le destinait à suivre son état. Il entra à
l'école gratuite de dessin, à Paris, et un jour qu'il dessinait
l'Hercule gaulois de Puget dans le parc de Sceaux, il fut
rencontré par Julien et par Dejouy qui remarquèrent son
travail. Dejouy le fit entrer dans son atelier, et il remporta
le prix de Rome en 1790. Il était à Rome en 1798, lors du
pillage de l'Académie. Après avoir passé quelque temps à
Naples et à Florence dans le dénûment, il vint à Paris où
il fut pris par la réquisition et enrôlé dans l'armée du Nord.
Il en fut rappelé pour faire une statue du Peuple français
dont le modèle ne fut jamais exécuté. Il a fait un Louis XIV
pour Lyon, un Jean Bart pour Dunkerque et la statue

équestre de Henri IV, en bronze, qui est sur le terre-plein
du Pont-Neuf à Paris. Une chute qu'il fit pour la pose de
cette statue occasionna sa mort en 1827.

LES MUSES A LOUIS XIV.

Pl. 42.

Minerve et les Muses entourent le buste de Louis XIV.
Ce bas-relief occupe le fronton de la colonnade du Louvre.
Au-dessus du buste, qui était celui de Napoléon, Clio, muse
de l'Histoire, traçait cette inscription : « Napoléon le Grand
a terminé le Louvre. » En 1814, l'inscription disparut et
le buste fut remplacé par celui de Louis XIV. Ce bas-relief
a été désigné par le jury des prix décennaux pour le grand
prix de sculpture. Il a été gravé par Heine.

ESPERCIEUX.

N. Espercieux, né à Marseille en 1775, suivit à Paris les
leçons de l'Académie sans s'attacher à aucun atelier. Il
exposa une statue de la Paix qu'il exécuta en 1802 pour
le gouvernement. En 1810, il fit une statue de Corneille,
puis le bas-relief de la victoire d'Austerlitz pour l'arc
de triomphe du Carrousel, quatre petits bas-reliefs de la
fontaine du Marché Saint-Germain, construite d'abord pour
la place Saint-Sulpice, un grand bas-relief pour le Corps
législatif, représentant la reddition de Vienne, les statues
de Voltaire, de Sully, Ulysse reconnu par son chien, Phi-
loctète et un grand nombre de bustes.

SULLY.

Pl 43.

Il est debout, drapé dans un manteau qui lui couvre le bas du corps, appuyé d'une main sur une épée, tenant de l'autre les plans de la galerie du Louvre, dont il a commencé la construction. Statue faite pour le pont de la Concorde, et transportée dans la cour de Versailles.

CHANTREY.

Chantrey, célèbre sculpteur anglais, né en 1781 dans le comté de Derby, avait été mis en apprentissage chez un épicier; mais à la vue de quelques œuvres du sculpteur Ramsay. il sentit se révéler sa vocation pour les arts. Il vint a Londres en 1804, et voyagea ensuite en France et en Italie, pour y étudier les chefs-d'œuvre. Il fut admis, en 1816, à l'Académie de Londres, et plus tard à celles de Florence et de Rome. On cite comme ses chefs-d'œuvre une statue de la Résignation des enfants endormis, une jeune fille caressant une colombe. Il est surtout célèbre par des statues-portraits et des bustes. Il mourut en 1842.

PÉNÉLOPE (Bas-relief).

Pl. 44

Ce bas-relief, d'une composition élégante et simple, représente Pénélope assise au milieu des armes d'Ulysse dans

l'attitude d'une méditation mélancolique, tenant sur ses
genoux l'arc qui doit servir d'épreuve aux prétendants.
Quelques-unes de ses femmes sont debout derrière elle
et semblent partager ses inquiétudes.

MILHOMME.

Grand prix de Rome en 1801, mort jeune vers 1822. Il
a au Louvre une Psyché en marbre.

COLBERT.

Pl 45

Il est debout, tenant d'une main un crayon, un rouleau
de l'autre. Le grand manteau qui l'enveloppe n'était guère
en usage au XVII° siècle, mais il dissimule le costume moderne qui se prête mal aux conditions de la sculpture. Cette
statue, autrefois sur le pont de la Concorde, est aujour-
d'hui à Versailles.

DEBAY.

Joseph Debay, né à Malines en 1779, vint fort jeune en
France et fut élève de l'Académie et de Chaudet. Il fut
chargé de faire, pour la ville de Nantes, dix grandes statues, exposa plus tard les modèles de trois autres statues

pour la cathédrale de la même ville, pour la bibliothèque
de laquelle il fit soixante bustes. Ses relations à Nantes lui
fournirent l'occasion de faire pour le Jardin botanique de
la Havane les statues colossales d'Apollon et de Neptune.
Il fut chargé de trois bas-reliefs pour la Bourse de Paris et
d'une statue colossale de Louis XIV pour Montpellier.

LES TROIS PARQUES.

Pl 46.

Les Moires. que les Latins nomment les Parques et qui
sont la personnification des lois nécessaires, ont été représentées par Michel-Ange et par la plupart des modernes
sous les traits de la vieillesse, ce qui était conforme aux
traditions des poetes. M. Debay les a représentées sous la
forme de trois jeunes femmes à demi nues. Lachèsis qui
préside à la naissance, est assise près d'une urne et tient
une sphère ; Clotho, debout au centre du groupe, tient la
quenouille des destinées ; Atropos, dont le nom signifie
l'Inévitable, s'apprête à couper le fil. Elle a des ailes à la
tête, et l'artiste a cru devoir la faire entièrement nue, ce
qui s'accorde assez mal, au point de vue symbolique, avec
l'obscurité dont s'enveloppe l'heure de la mort. Sur le
socle est un bas-relief représentant la danse des Heures.

THORWALDSEN.

Albert Thorwaldsen, fils d'un sculpteur islandais, naquit à
Copenhague en 1770 et fut élève de son père. Un de ses

premiers ouvrages fut le Lion colossal élevé à Lucerne à la
mémoire des Suisses morts au 10 août 1792. Il fit ensuite
pour Varsovie la statue en bronze de Copernic et celle de
Poniatowski, puis quatre statues destinées au tombeau
d'Eugène Beauharnais à Munich. Son œuvre est très-consi-
dérable, et il existe des statues ou des bas-reliefs de lui
dans un grand nombre de galeries publiques ou particulières, principalement à Rome, à Copenhague et en Angleterre. La plus grande partie a été gravée. Thorwaldsen est
mort en 1844.

LES GRACES.

PL. 47

Le groupe des Trois Grâces de Thorwaldsen est, comme
celui de Canova, inspiré par le groupe antique de la Libreria de Sienne, mais le sculpteur italien avait donné à
ses figures une expression plus passionnée ; l'artiste danois,
en voulant rester plus près de la gravité antique, n'a peut-
être pas absolument évité la froideur. Ce groupe est à
Rome.

PONIATOWSKI.

PL. 48.

Statue équestre, de dimensions colossales, exécutée en
1823 aux frais de la nation polonaise. Le général, tête nue
et vêtu d'un costume militaire antique, semble indiquer de
son épée un point d'attaque.

MONTONI.

Montoni, statuaire italien, s'est fait connaître en France par divers ouvrages qui ont figuré à nos expositions annuelles. La statue dont nous donnons la gravure fait honneur à son talent.

BAYARD.

Pl 49.

Il est debout, en armure de chevalier, le casque en tête, le bouclier au bras gauche, la main droite appuyée sur son épée nue. Cette statue, faite pour le pont de la Concorde, est maintenant dans la cour du palais de Versailles.

DAVID (d'Angers).

Pierre-Jean David, né à Angers en 1792, était fils d'un sculpteur Il étudia d'abord le dessin à l'École centrale, puis il eut pour maître Roland et reçut les conseils du peintre Louis David. Il obtint en 1811 le grand prix de sculpture et, à son retour de Rome, exécuta la statue de Condé, dont son maître Roland avait à peine terminé l'esquisse au moment de sa mort. Les travaux de David (d'Angers) sont très-nombreux, et plusieurs sont des chefs-

d'œuvres Parmi ses statues les plus célèbres, on peut citer
celle de Philopœmen du jardin des Tuileries, de Pierre
Corneille à Rouen, du jeune tambour républicain Barra,
de Guttenberg à Strasbourg, de Riquet à Béziers, de Cu-
vier à Montbéliard, de Jean Bart à Dunkerque, d'Am-
broise Paré à Laval, de Fénelon à Cambrai, de Jefferson à
New-York. Il fit en outre un très-grand nombre de bas-reliefs et trois ou quatre cents médaillons en bronze. Presque
tous les modèles en plâtre de ses ouvrages sont réunis au
Musée d'Angers, sa ville natale.

CONDÉ.

Pl. 50

Cette statue, exécutée par David (d'Angers) d'après une
esquisse laissée par son maître Roland, pour le pont de la
Concorde, est maintenant dans la cour du palais de Versailles. Le grand Condé est représenté jetant son bâton de
maréchal dans les lignes de Fribourg.

WESTMACOTT.

L'Angleterre a toujours été pauvre en sculpteurs. Néanmoins Westmacott s'est acquis au commencement de ce
siècle une assez grande réputation. Son ouvrage le plus
célèbre est une statue de Psyché qui parut en 1822 à l'ex-
position de Sommerset House

PSYCHÉ.

Pl. 51.

Psyché, symbole de l'âme humaine, a été très-souvent représentée dans l'antiquité, principalement sur les sarcophages, sous la forme d'un jeune fille avec des ailes de papillon. Ses aventures, racontées par Apulée, et qui ne sont qu'une allégorie des destinées de l'Ame, ont fourni aux artistes modernes, notamment à Raphaël, de nombreux sujets de composition. Le sculpteur anglais, Westmacott, a représenté Psyché au moment où, cédant comme Ève et comme Pandore à la curiosité, elle ouvre la boîte fatale qu'elle a été chercher dans l'enfer. Cette statue appartient au duc de Bedford.

TABLE DES MATIÈRES

SCULPTURE MODERNE.

*

FIN DE LA TABLE DES MATIÈRES DU TOME DIXIÈME.

Paris. — Imprimerie de E. MARTINET rue Mignon, 2

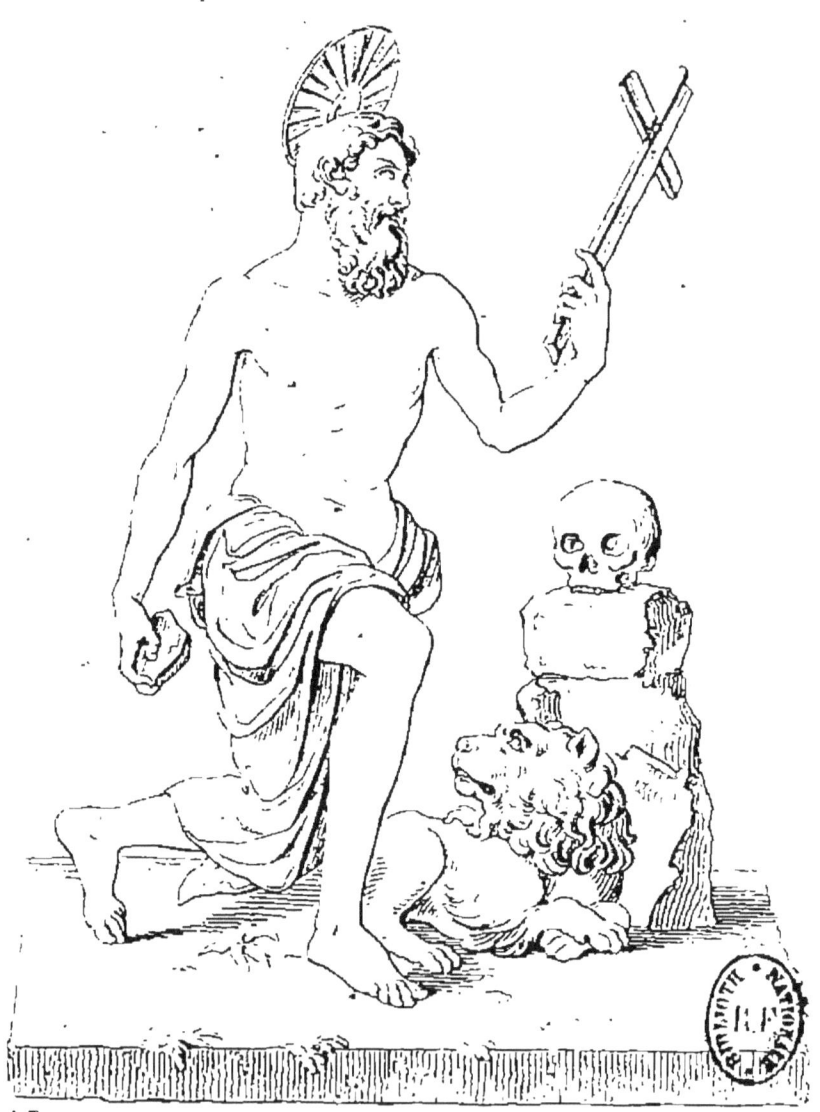

S^T JÉRÔME.

S GIROLAMO

S JERÓNIMO

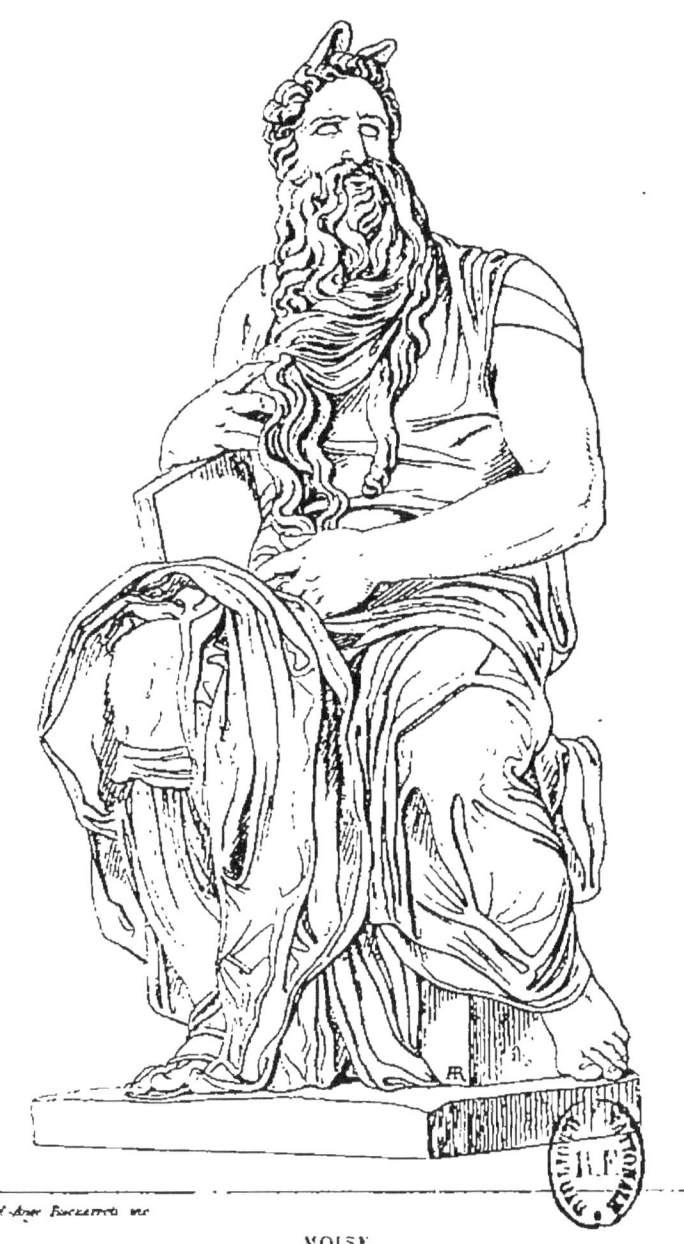

MOISE

MOSÉ.

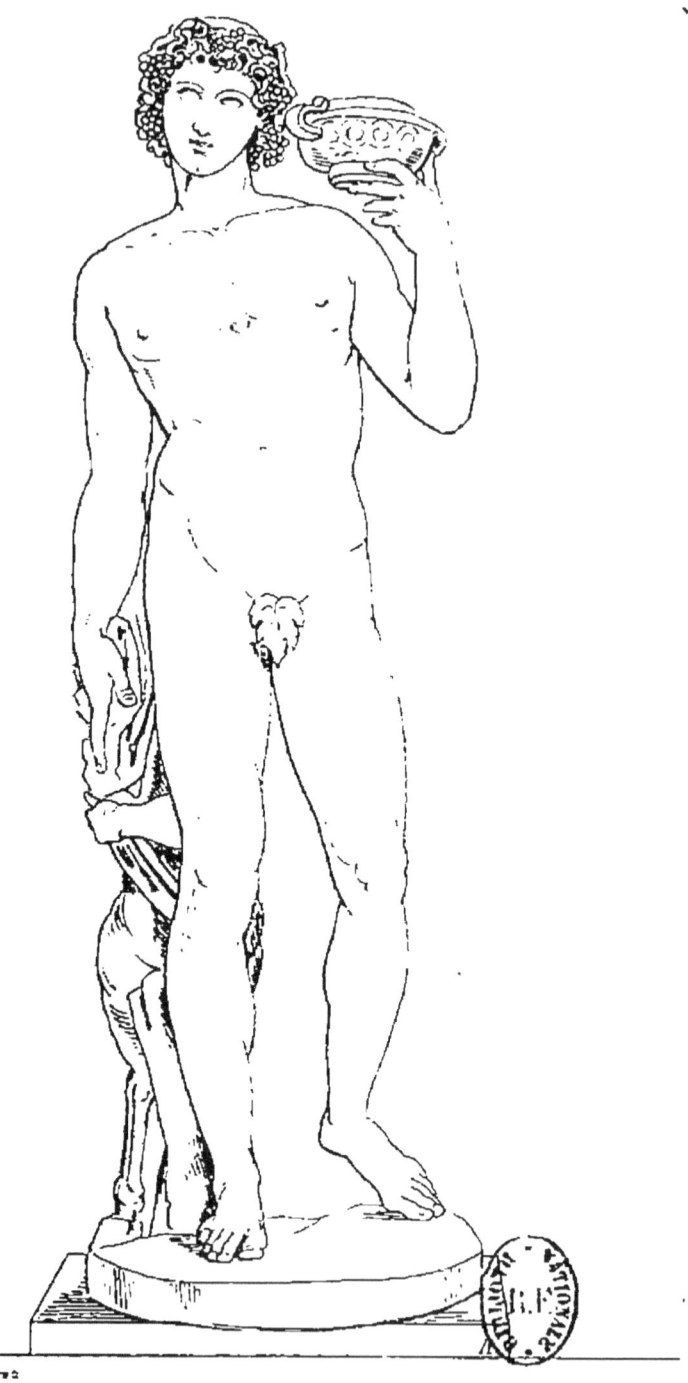

BACCHUS

BACCO

BACO.

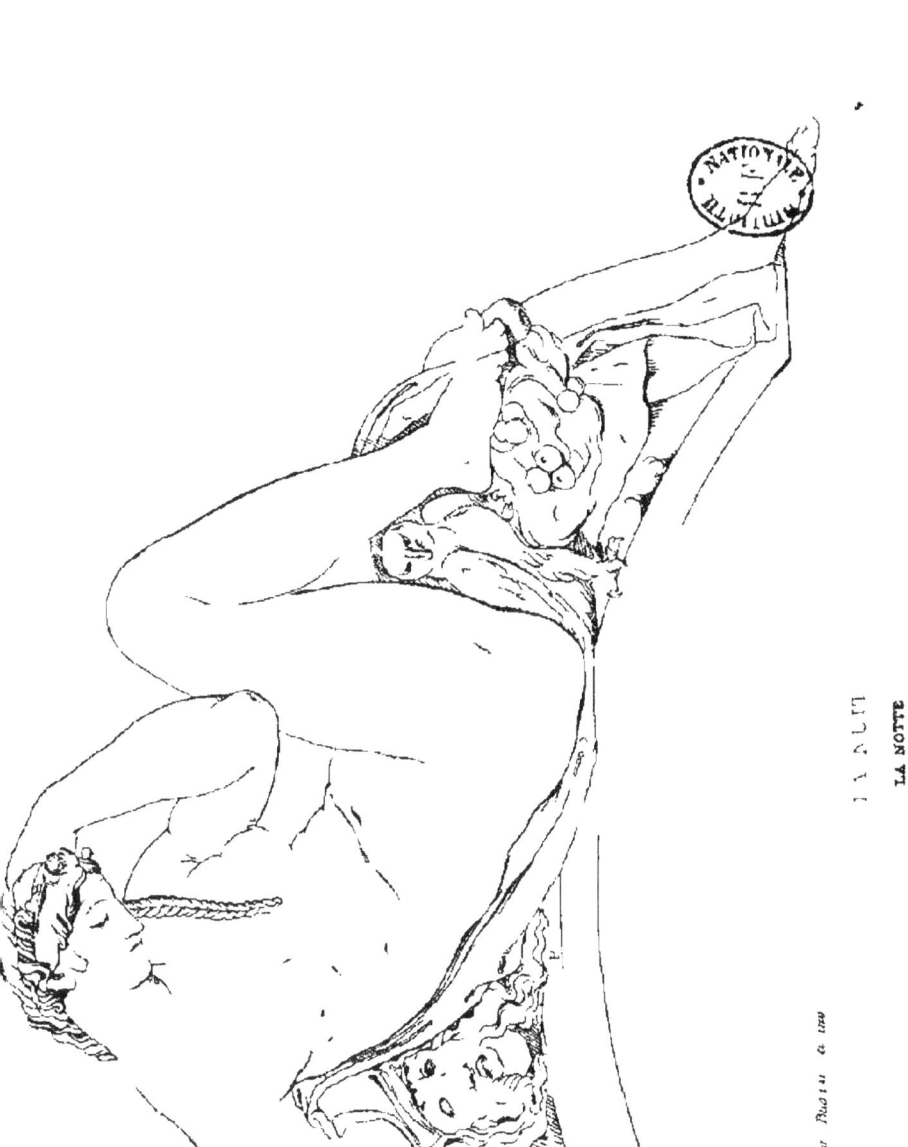

LHUYLH

LA NOTTE

A NOK 1E

M. r t' tet Publ it Co Ceso

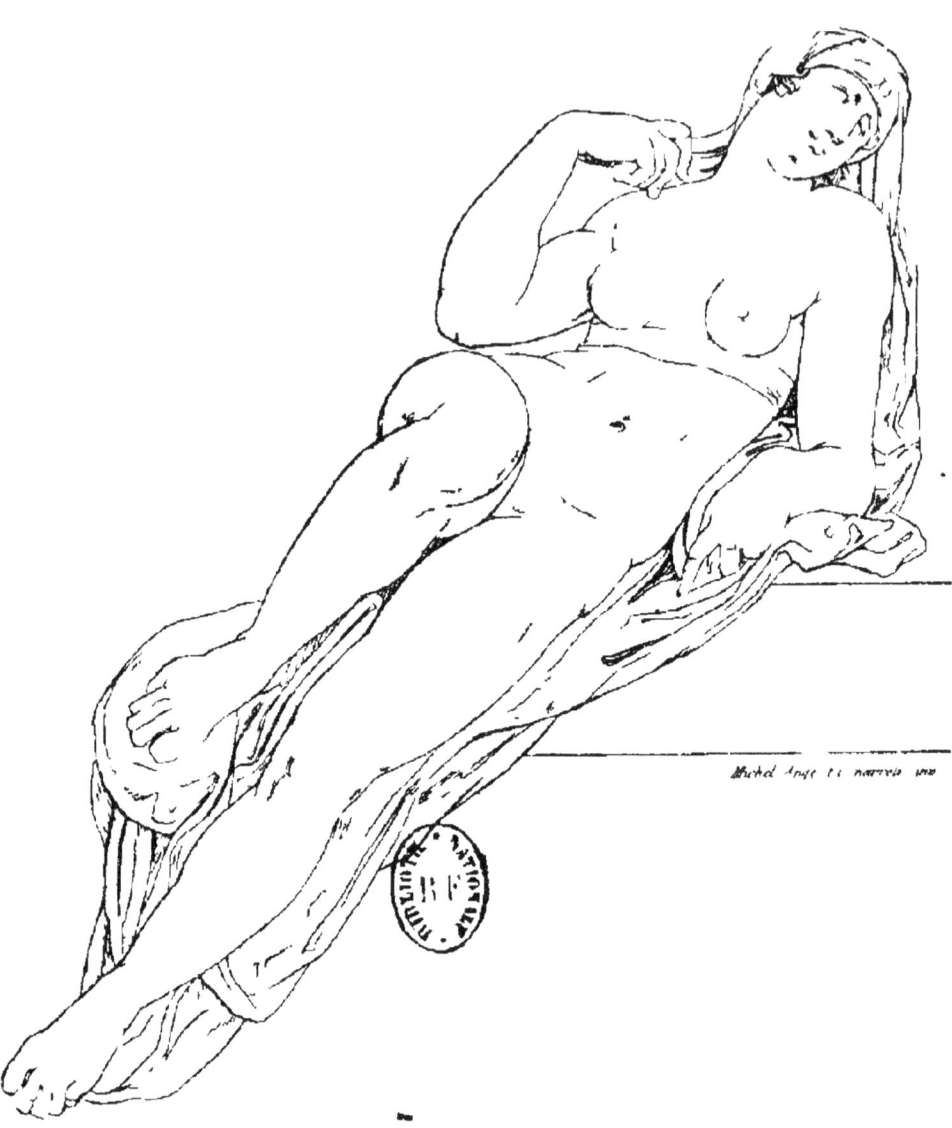

LE JO R

IL GIORNO

EL DIA

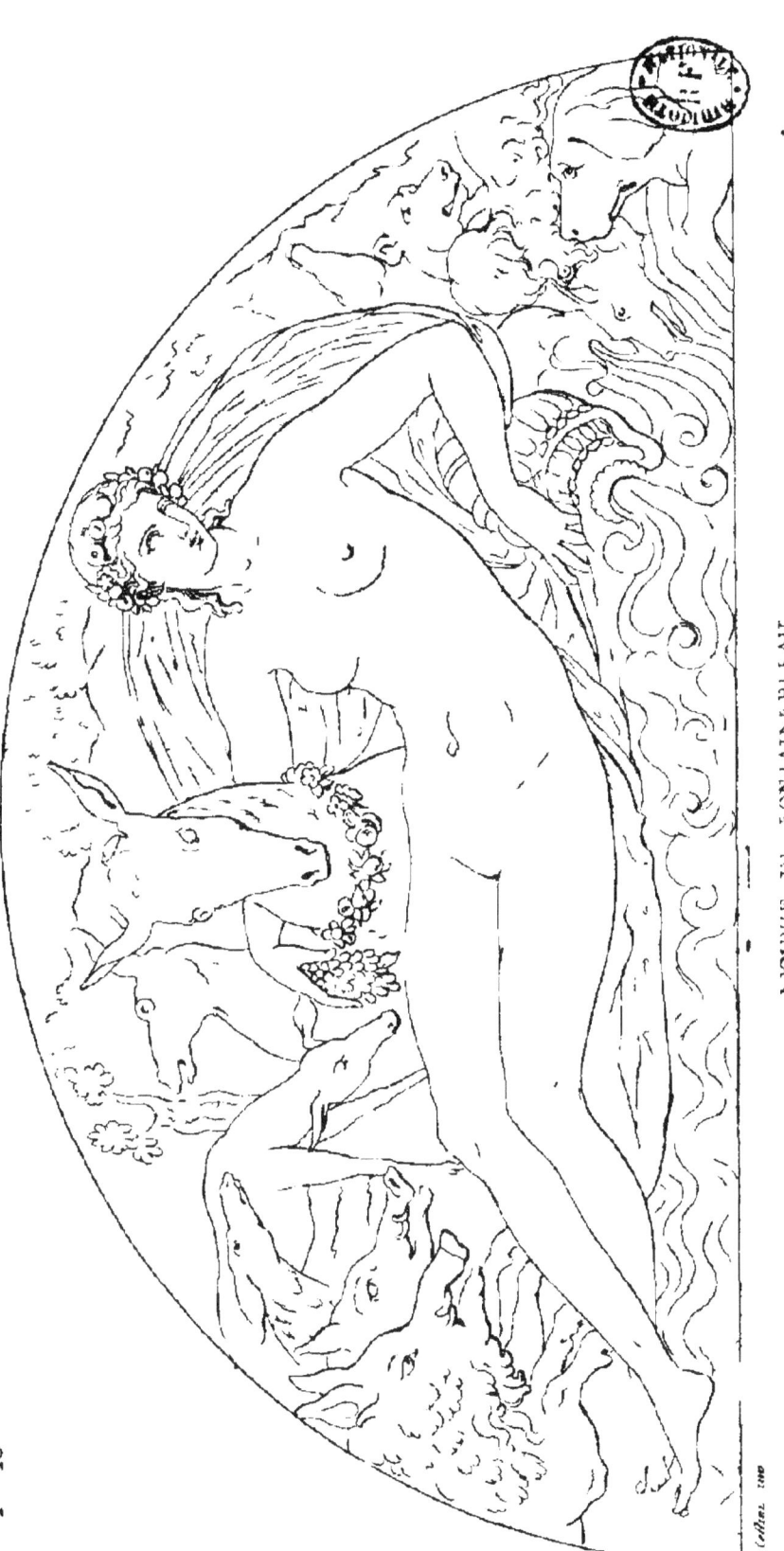

NYMPHE DE FONTAINEBLEAU

NINFA DE FONTAINEBLEAU

UNA NINFA DE FONTAINEBLEAU.

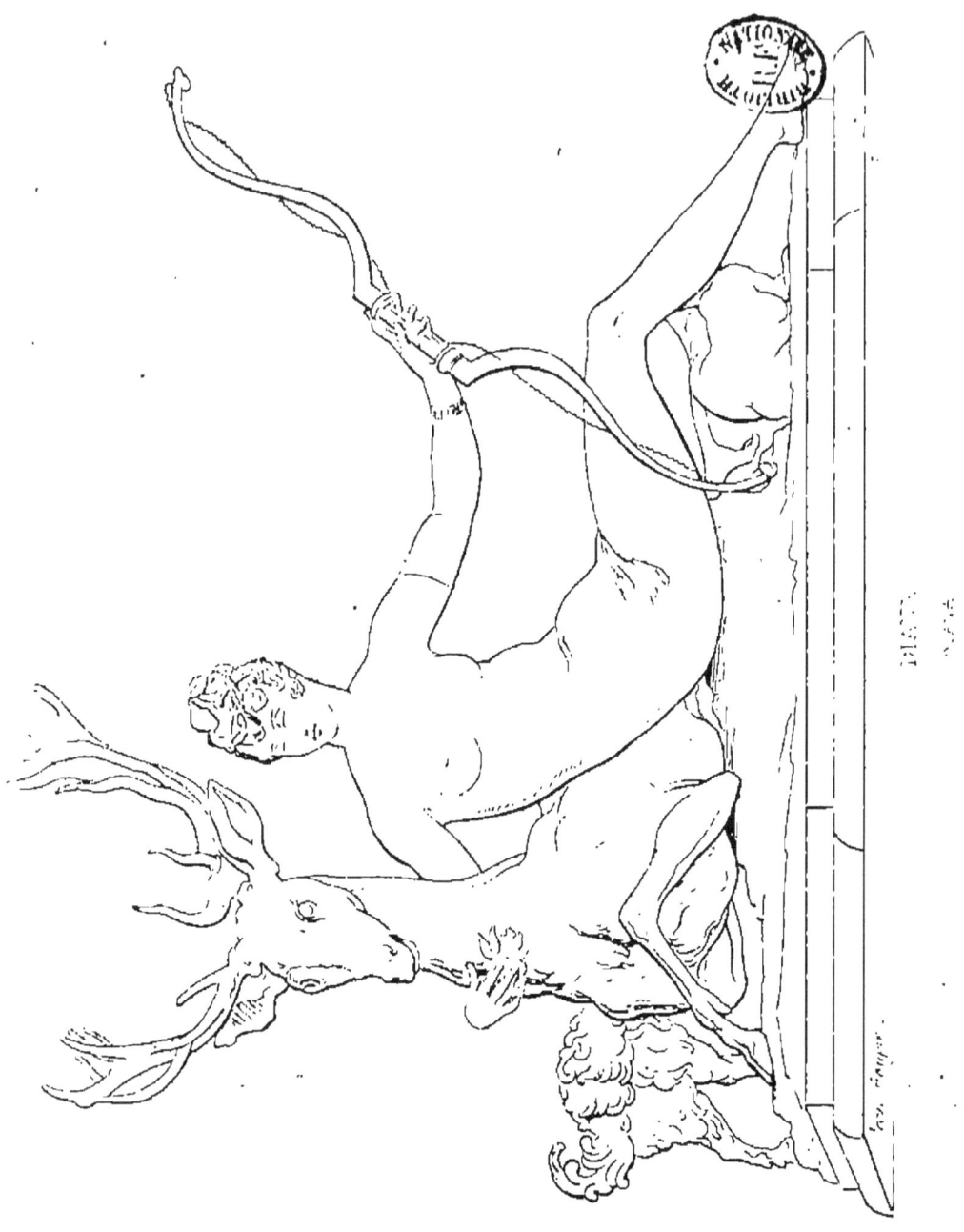

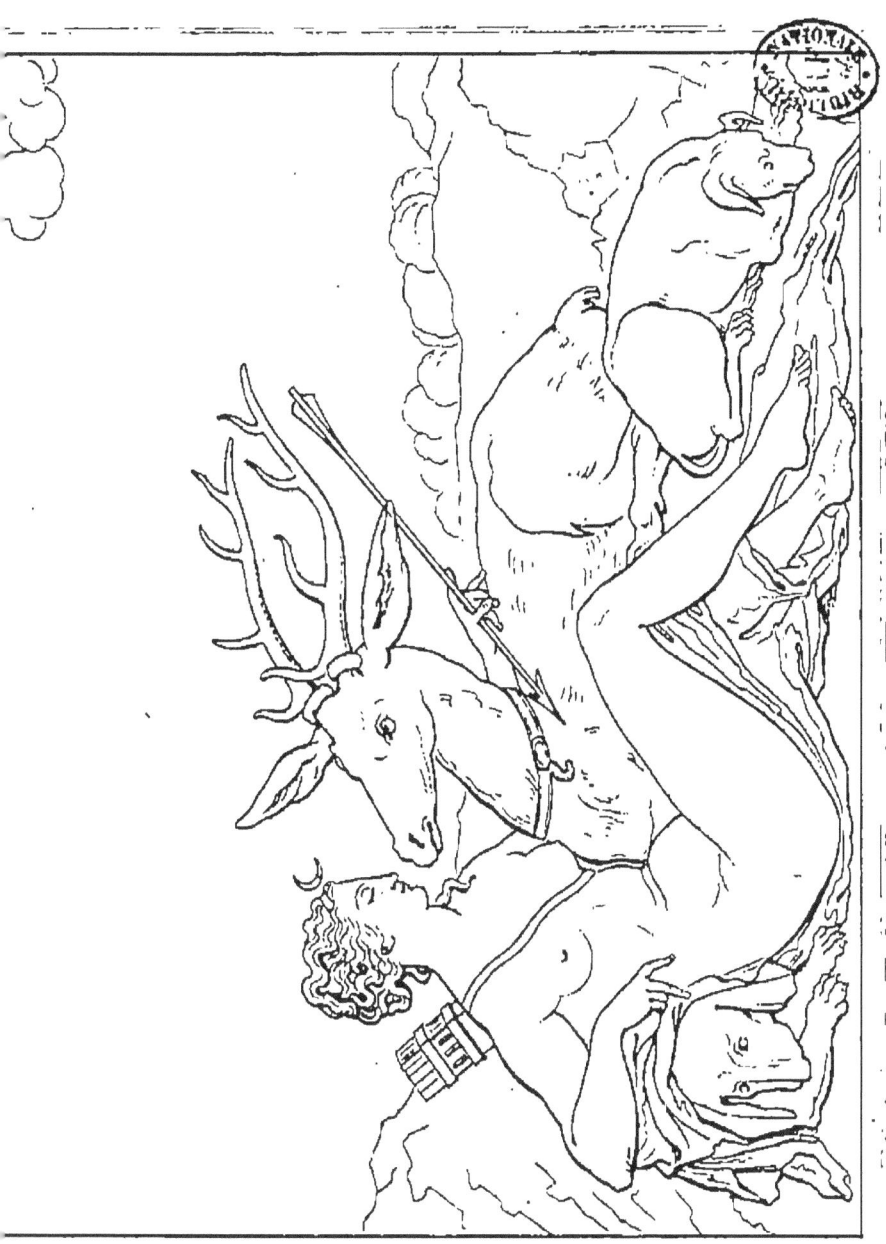

DIANE EN REPOS

DIANA IN REPOSO.

Jean Goujon.

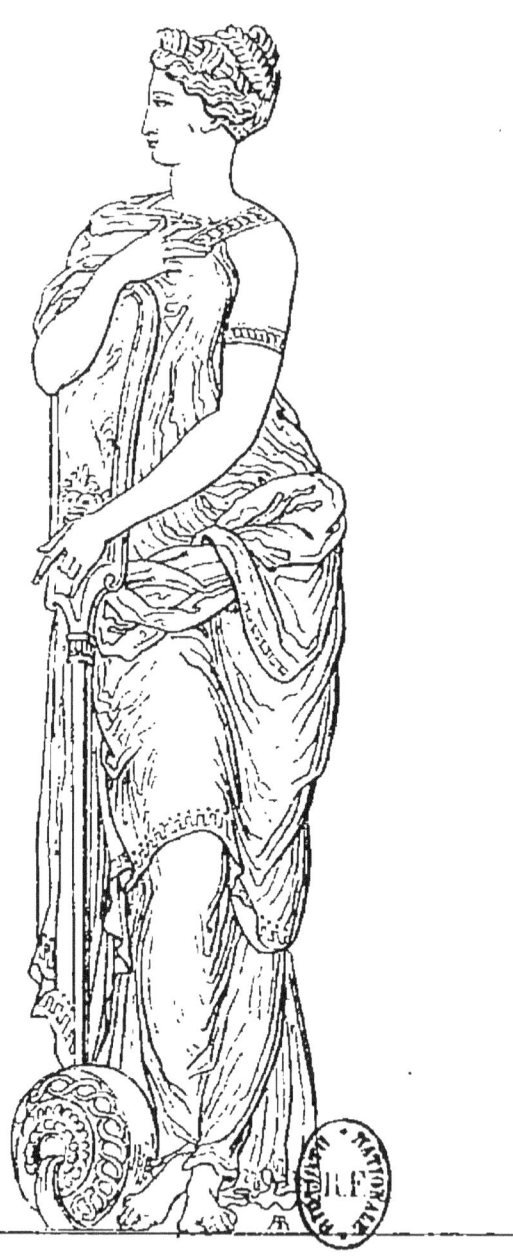

J Goujon inc

UNE NYMPHE

UNA NINFA

UNA NINFA

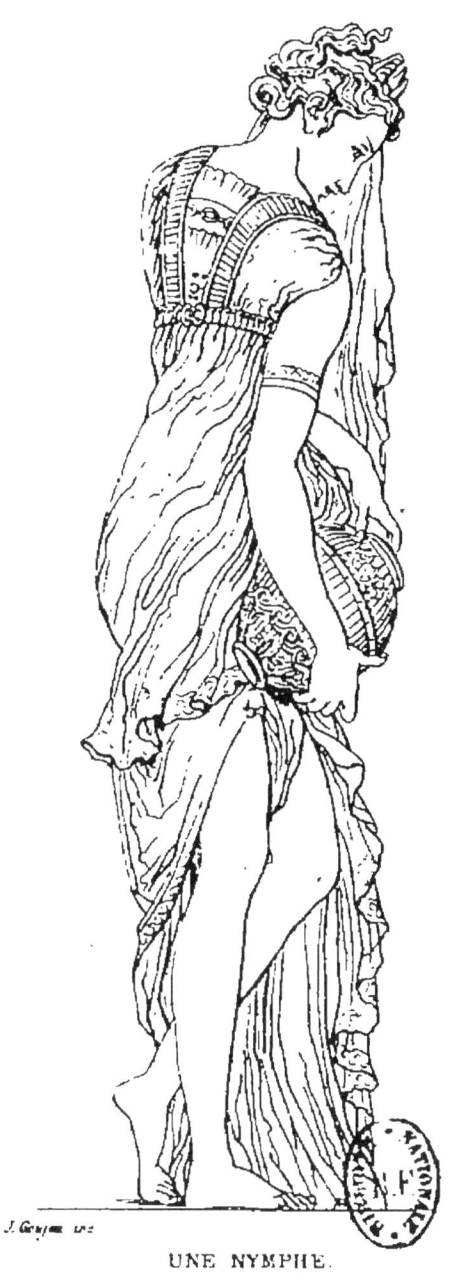

J. Goupon sc.

UNE NYMPHE.

UNA NINFA

UNA NINFA

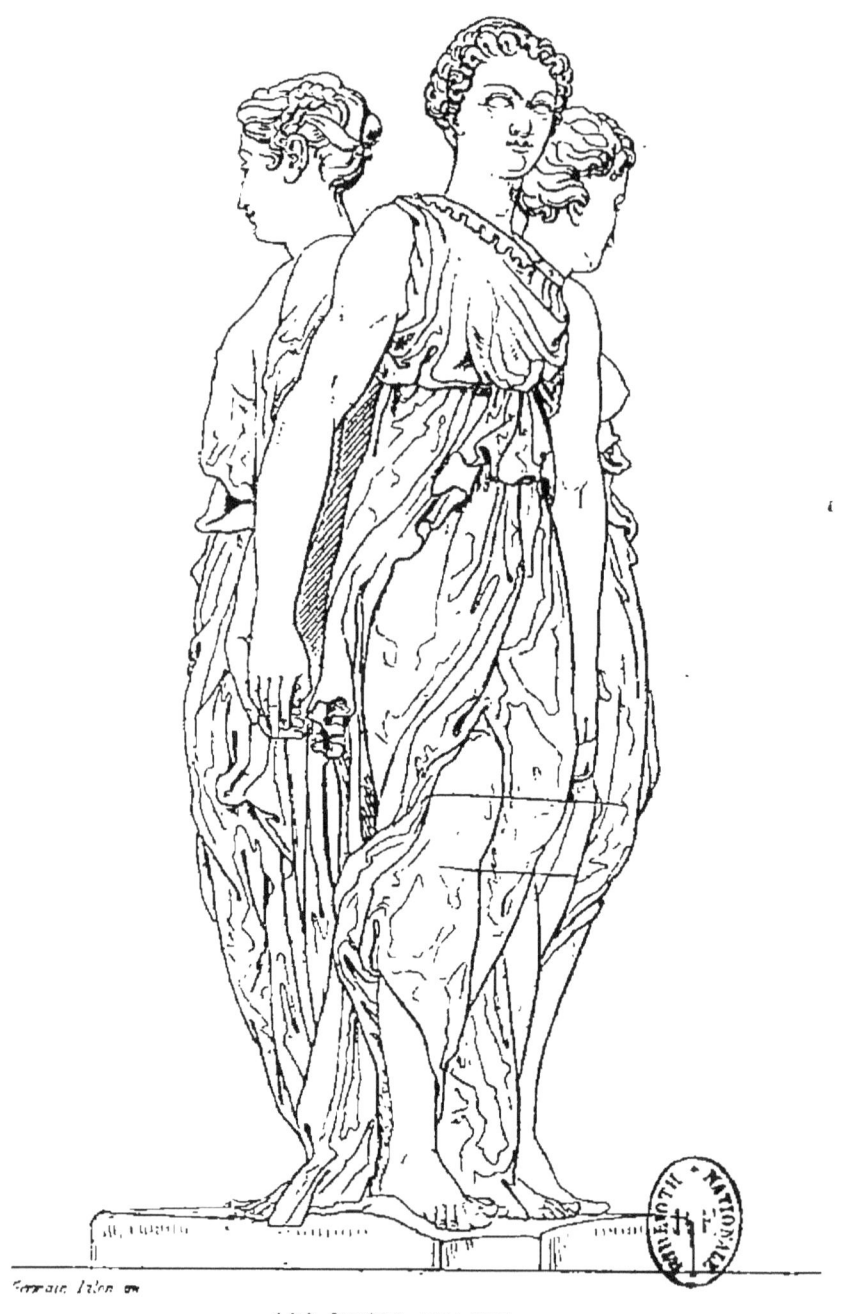

LES TROIS GRACES.

LE TRE GRAZIE.

LAS TRES GRACAS

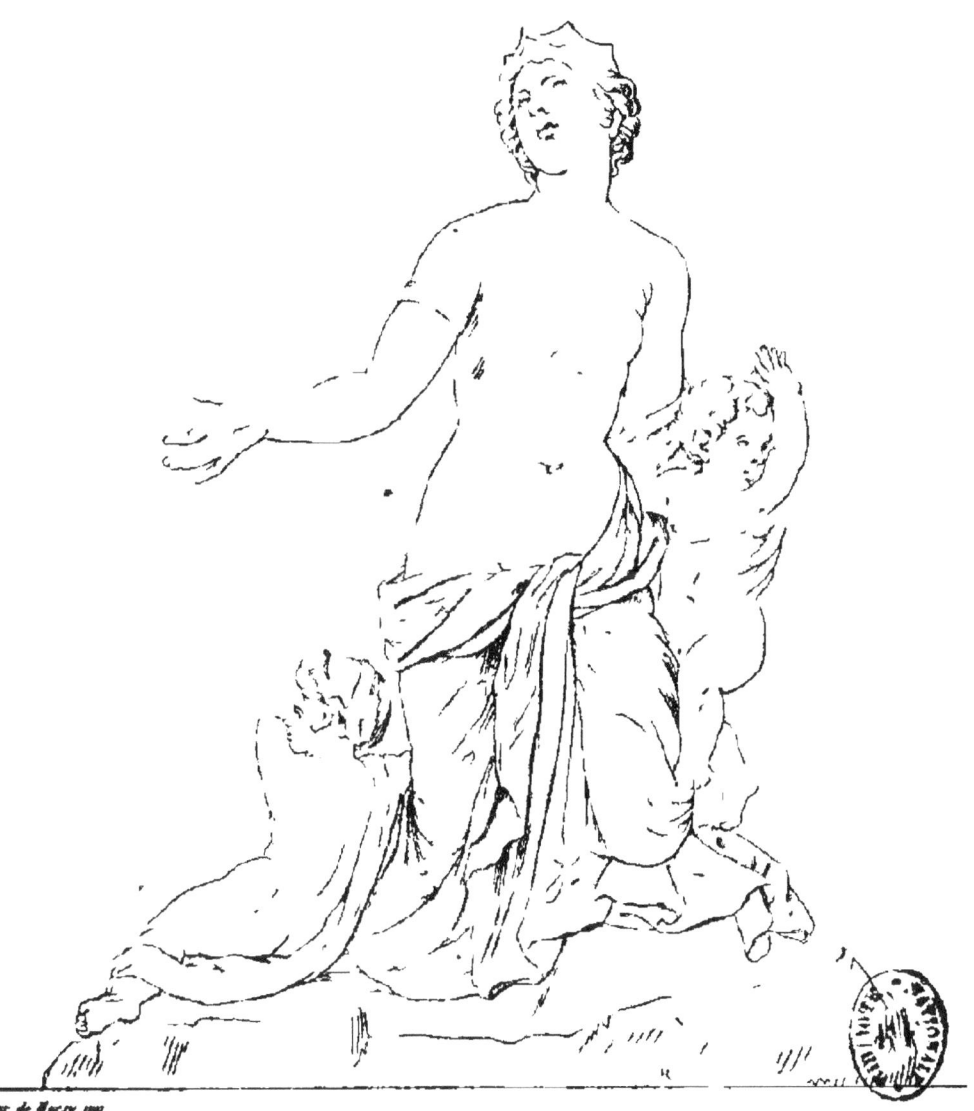

LATONE ET SES ENFANS

LATONA ET SCODI EFICO

LA CNAT : 03

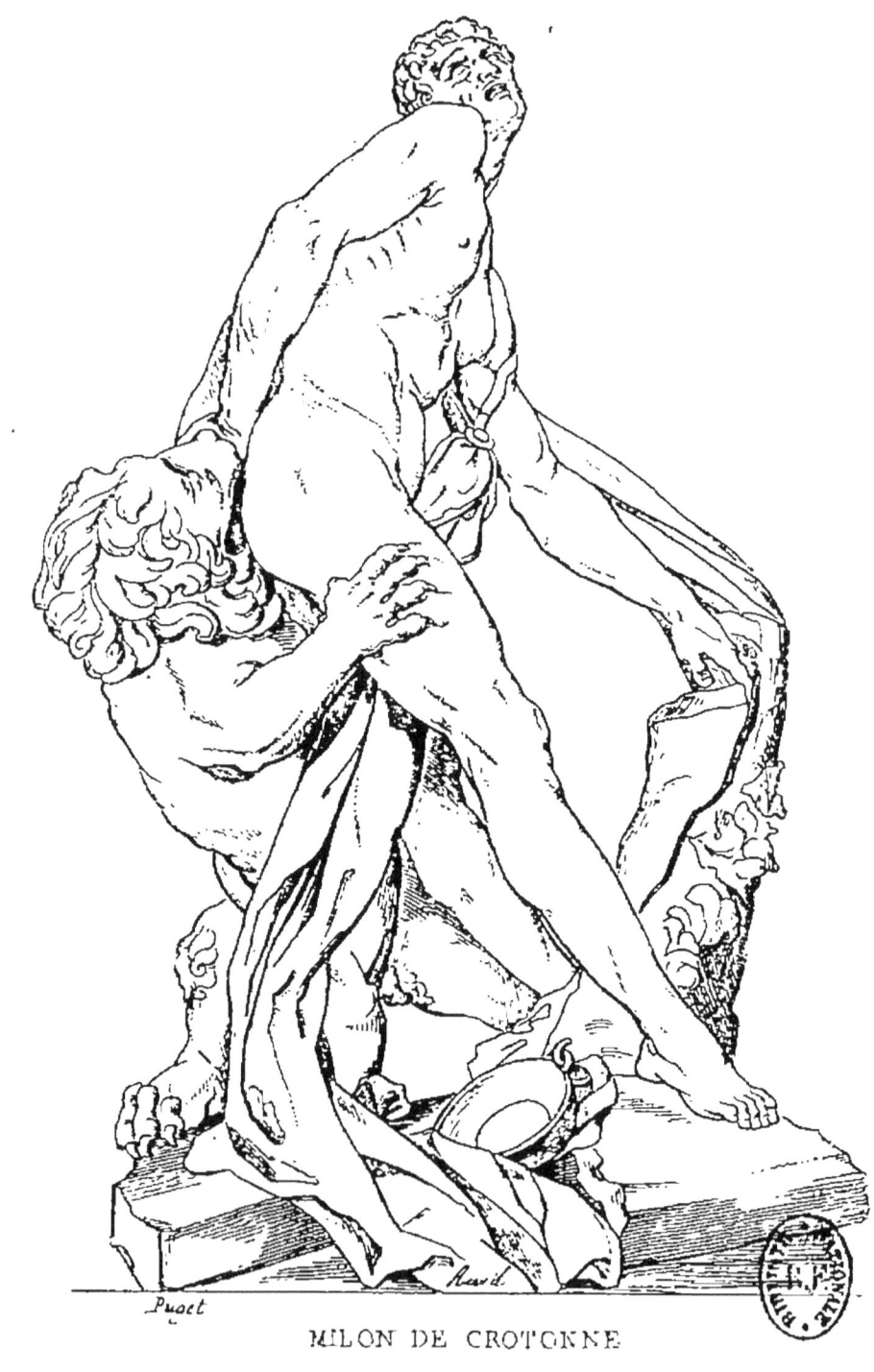

Puget

David

MILON DE CROTONNE

MILONE DI CROTONE.

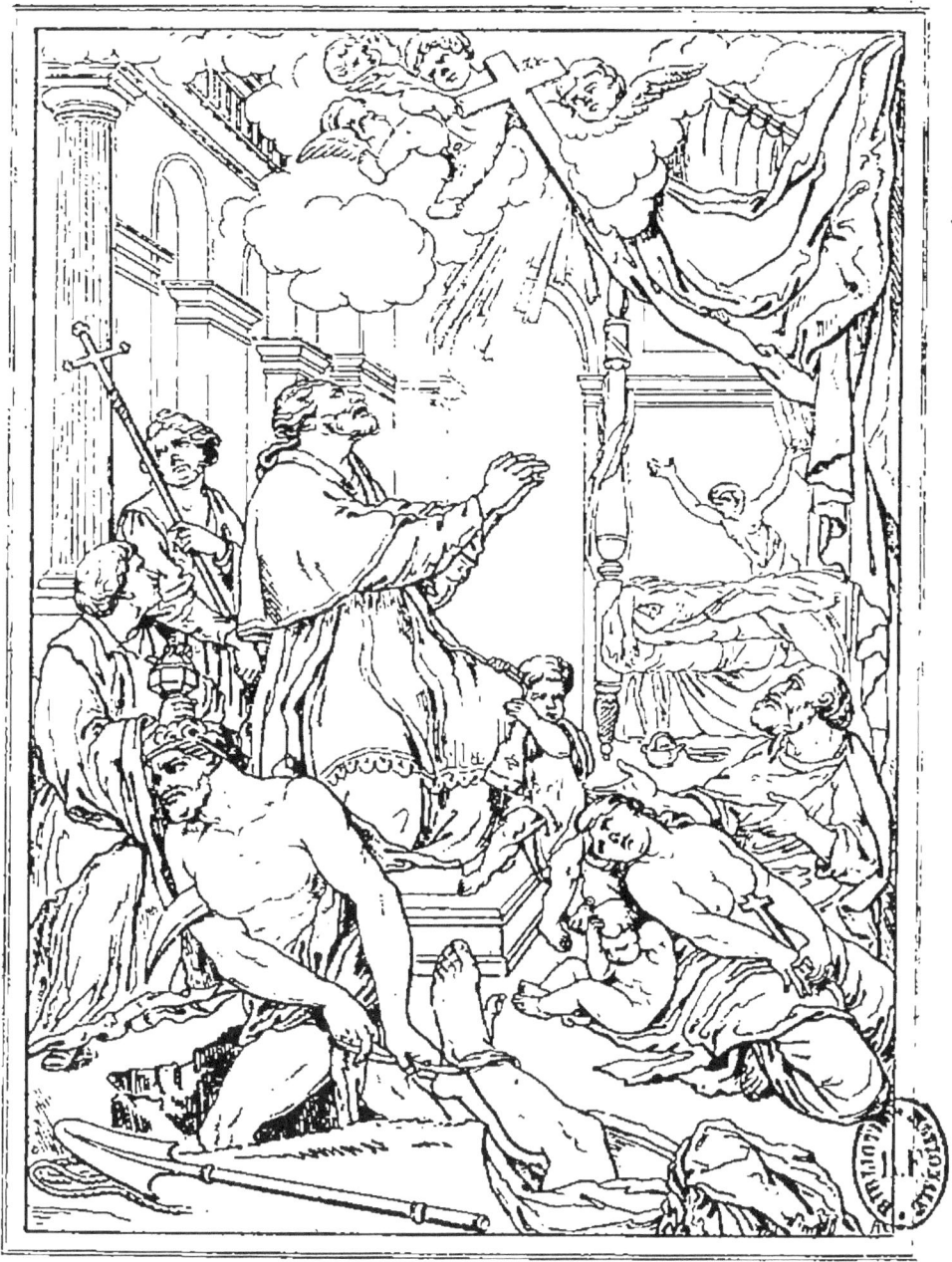

PESTE DE MILAN.

PESTE DI MILANO

PESTE DE MILAN.

APOLLON CHEZ THÉTIS.

APOLLO IN CASA DI TETI.

APOLO VISITANDO Á TETIS.

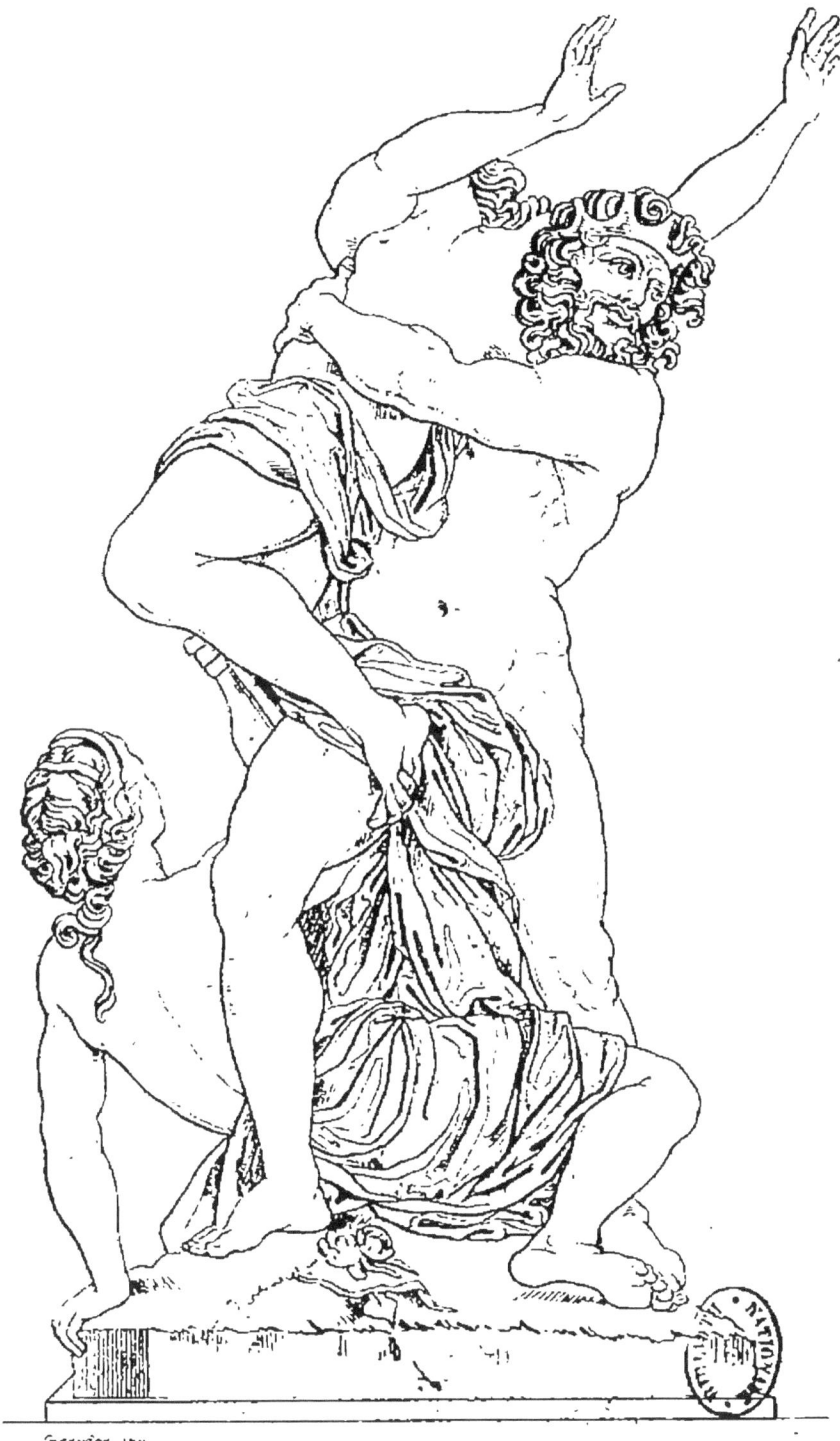

Girardon inv.

ENLÈVEMENT DE PROSERPINE

RATTO DI PROSERPINA.

RAPTO DE PROSERPINA.

ARMANDVS JOANNES CARDINALIS DVX DE RICHELIEV
PRVDENTS REGNI ADMINISTER SVB LDOVICO JVSTO XIII
GALLIARVM ET NAVARRÆ REGE CHRISTIANISSIMO
SOLEONÆ PROVISOR HIC SEPVLVS
OBIIT ÆTAT LVII NONIS DECEMB
ANNO Æ.S.H. M.DC.XLII.

TOMBEAU DE RICHELIEU.

TOMBA DI RICHELIEU

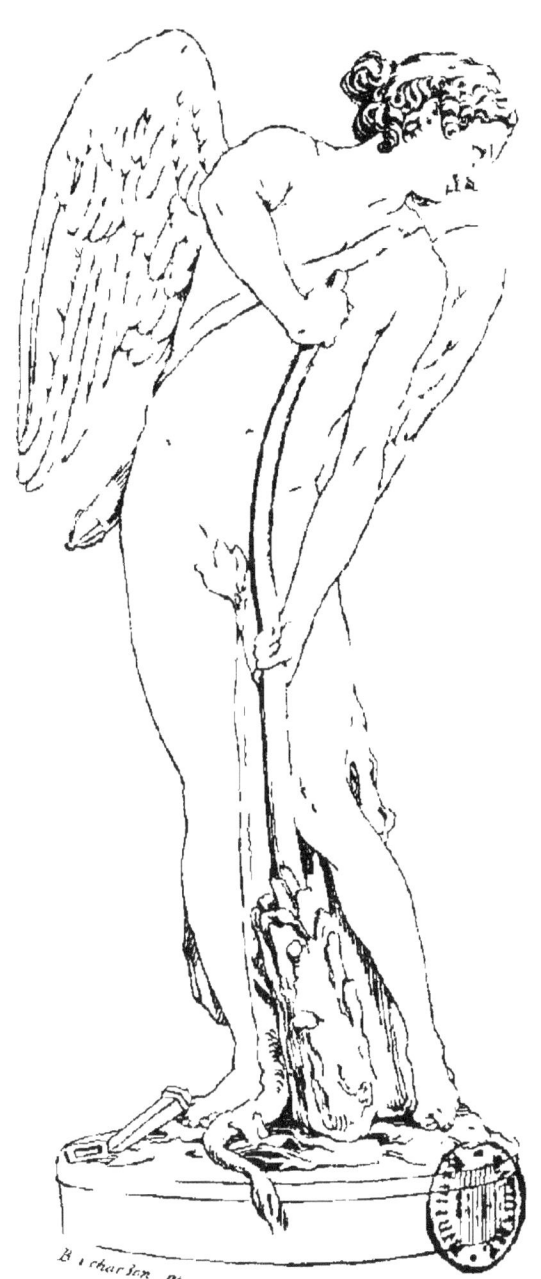

L AMCUR AI LA T SON ARC

AMORE CHE SI FA L ARCO

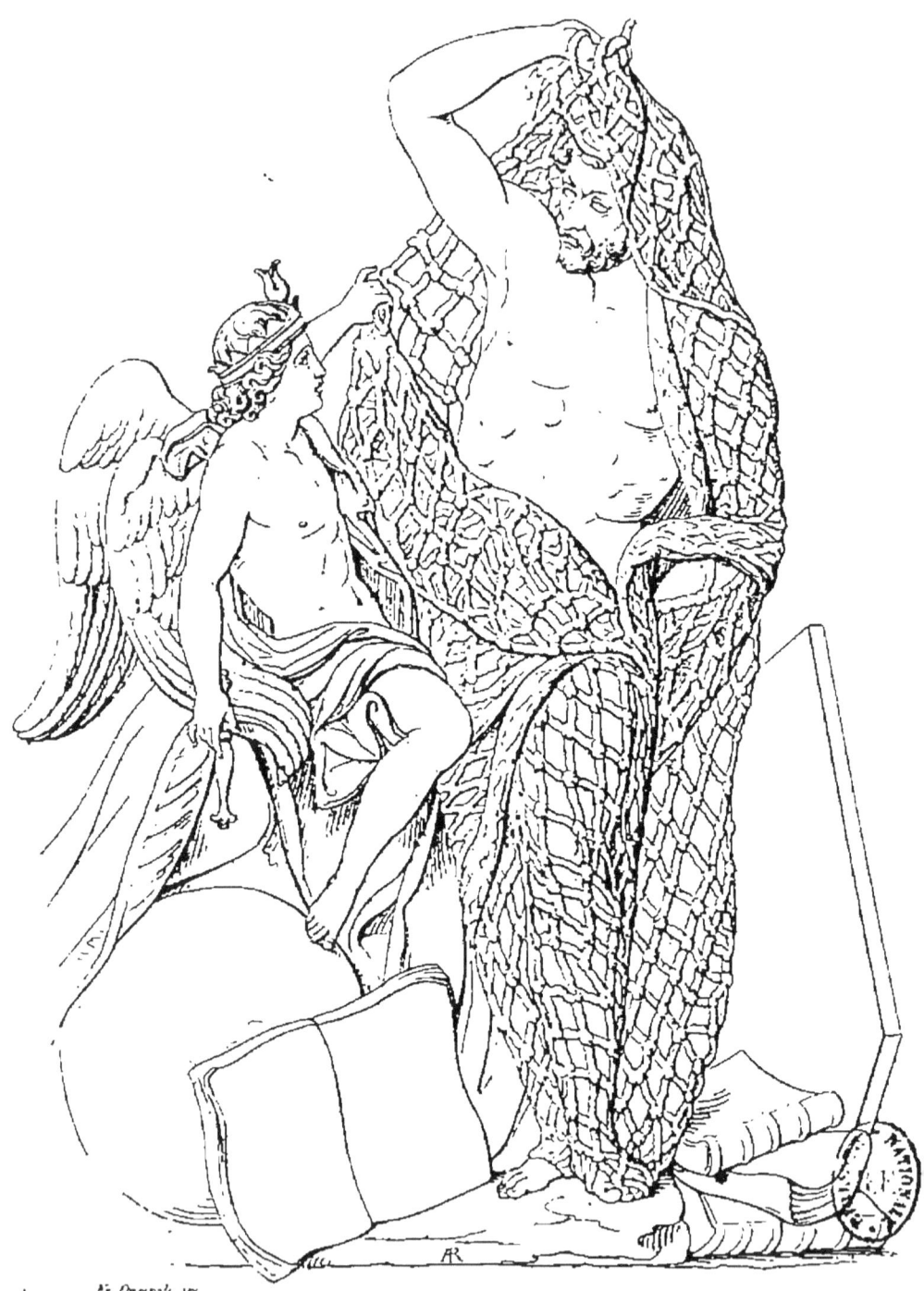

LE PRINCE SANSEVERO

IL PRINCIPE SANSEVERO

EL PRINCIPE SANSEVERO.

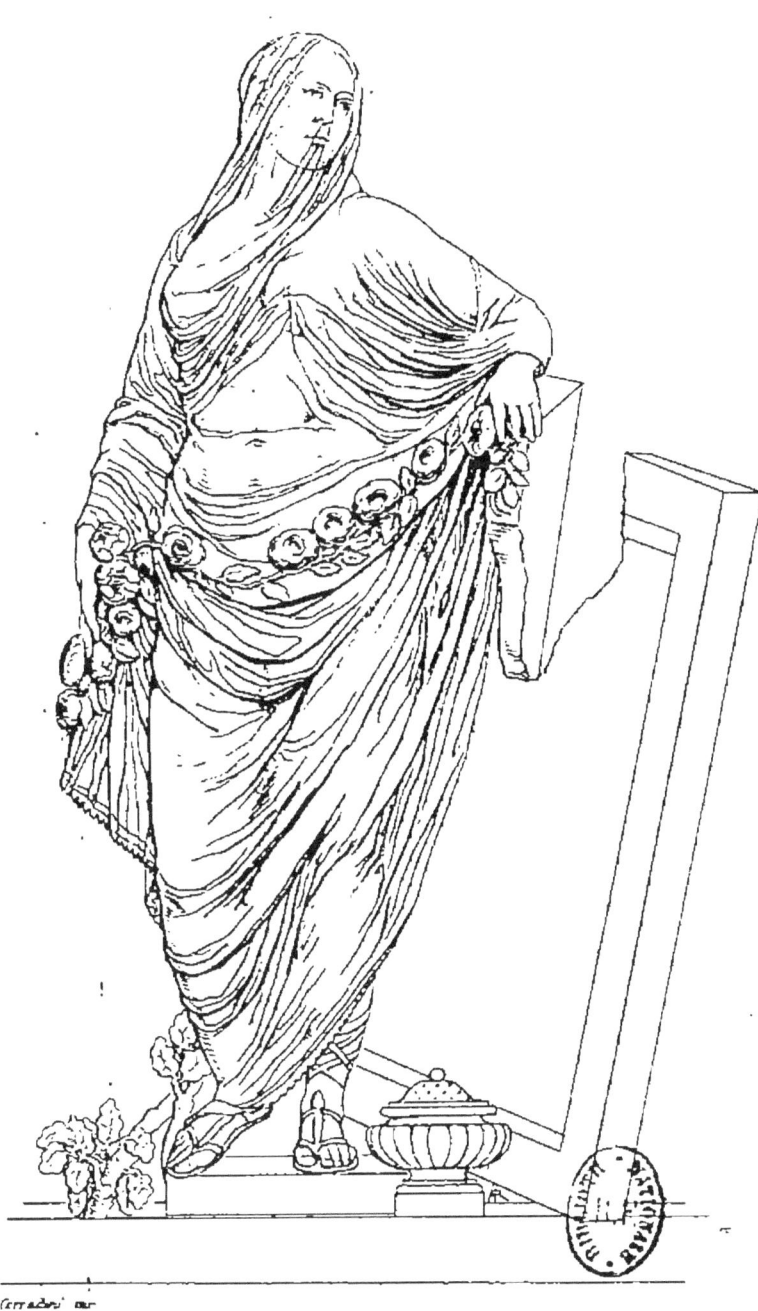

LA PRINCESSE SANSEVERO.

LA PRINCIPESSA SANSEVERO.

LA PRINCESA SANSEVERO.

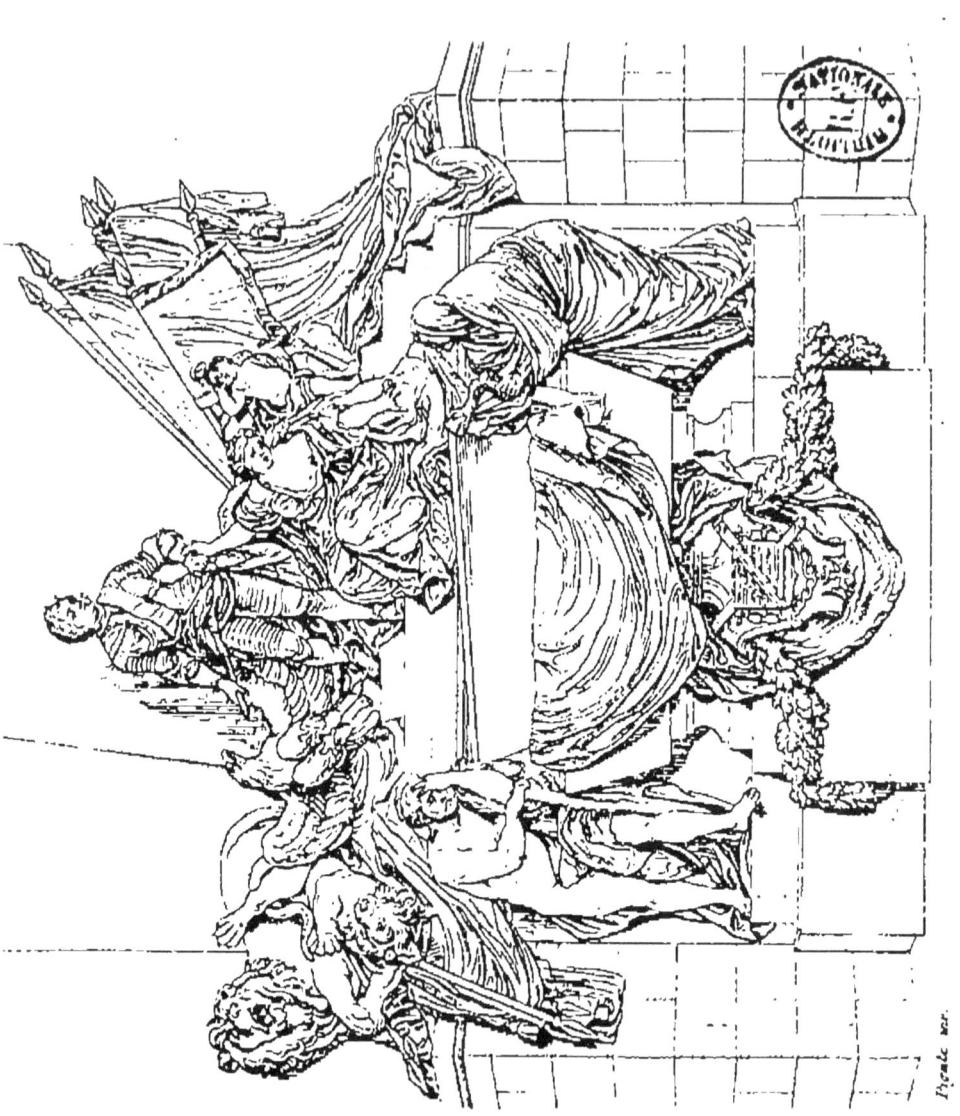

TOMBEAU DU MARÉCHAL DE SAXE

TOMBA DEL MARESCIALLO DI SASSONIA.

N° 1

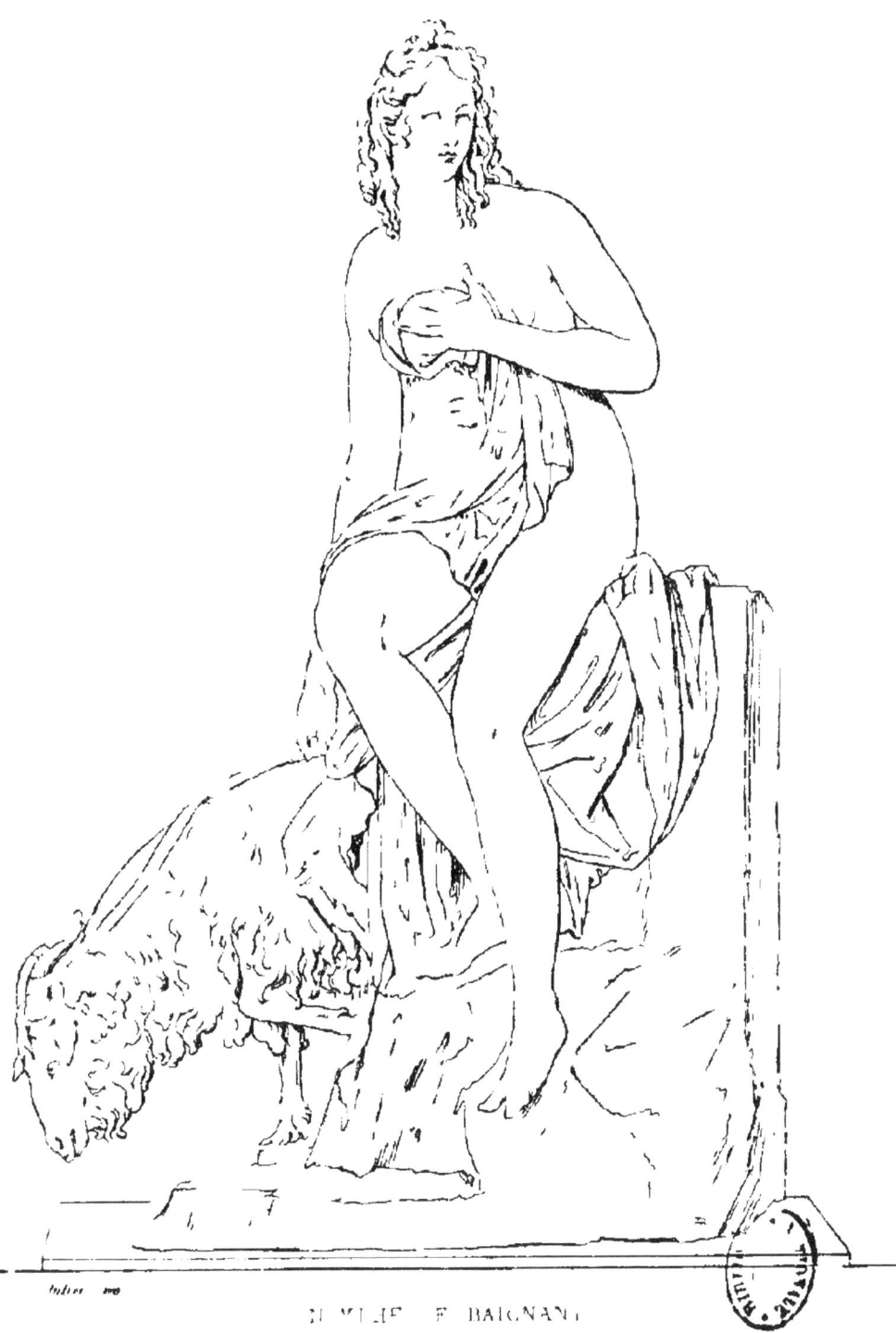

H VILIF   F BAIGNANI

NINFA ' 'E SI BAG A

UNA N NFA BAGNAN OI

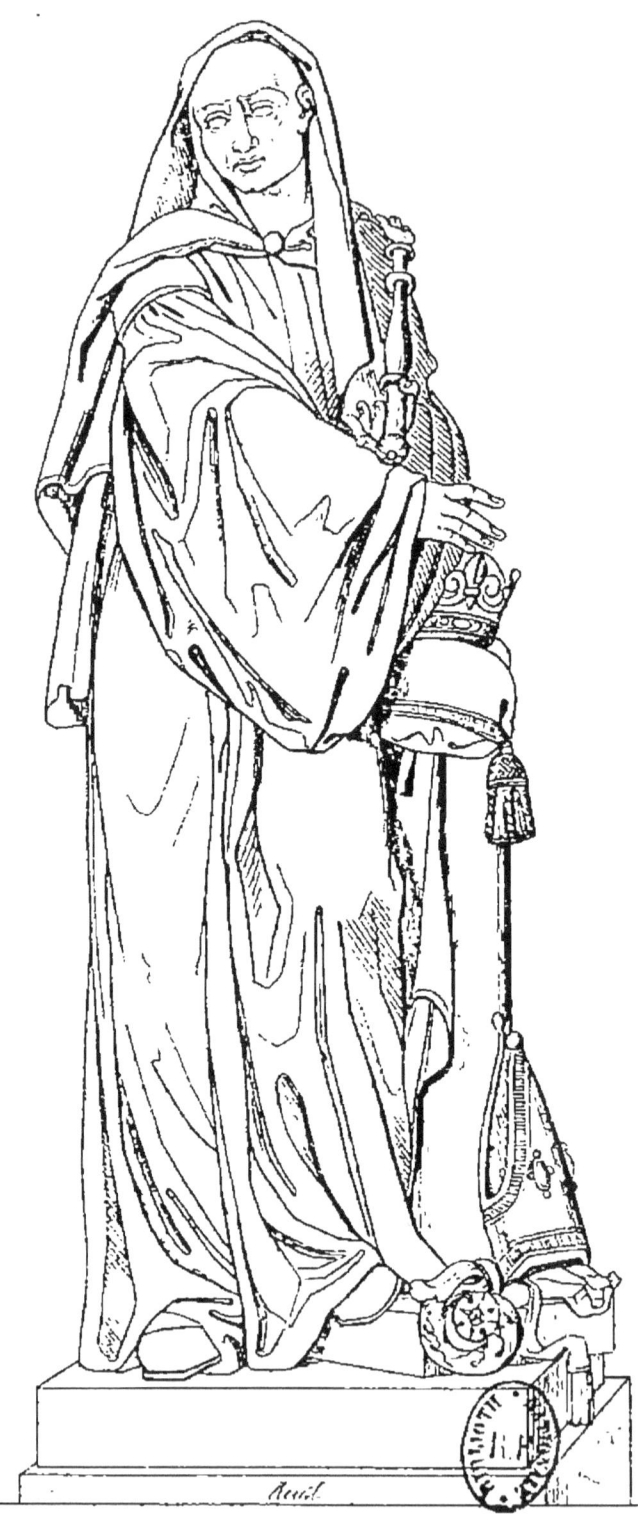

Steyl sculp

Reid

SUGER

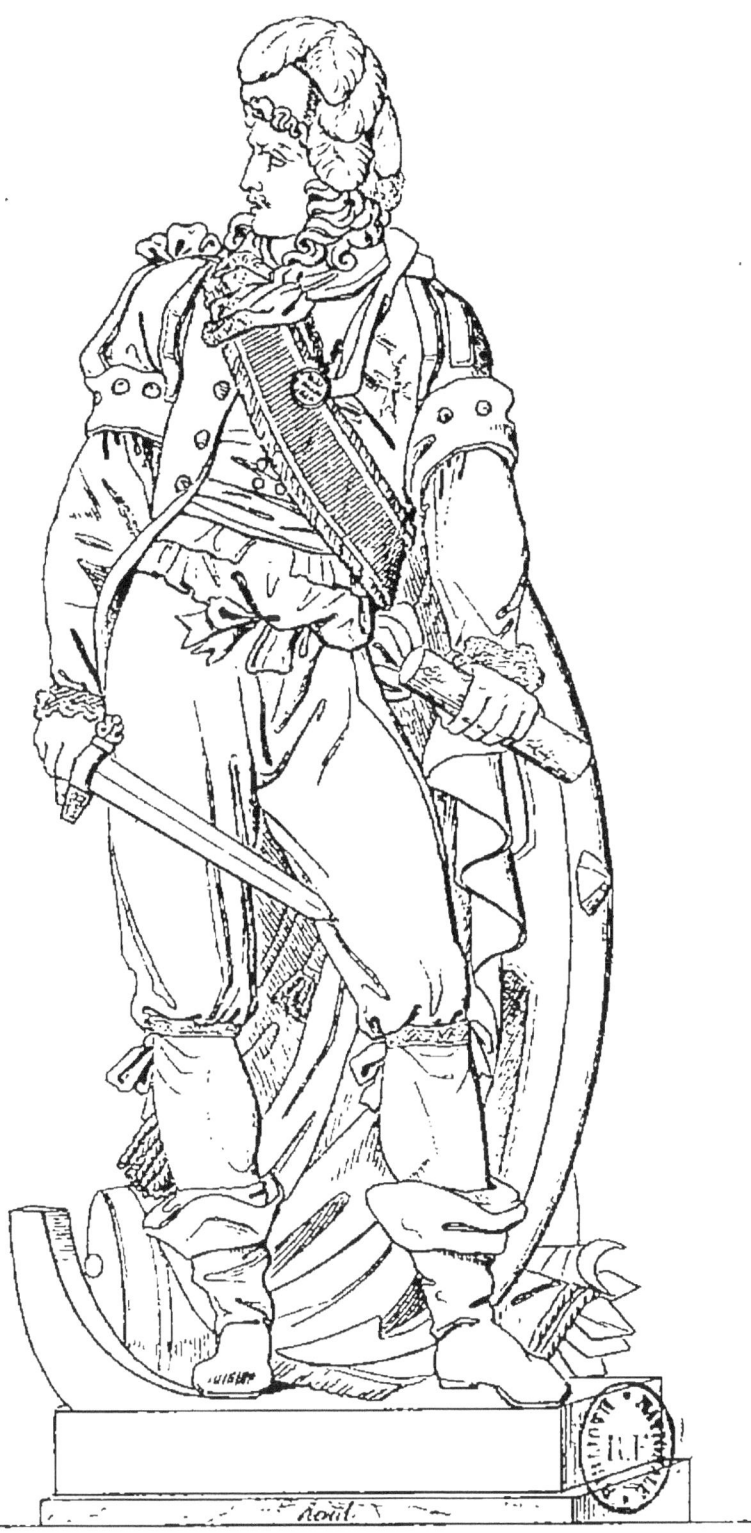

TOURVILLE

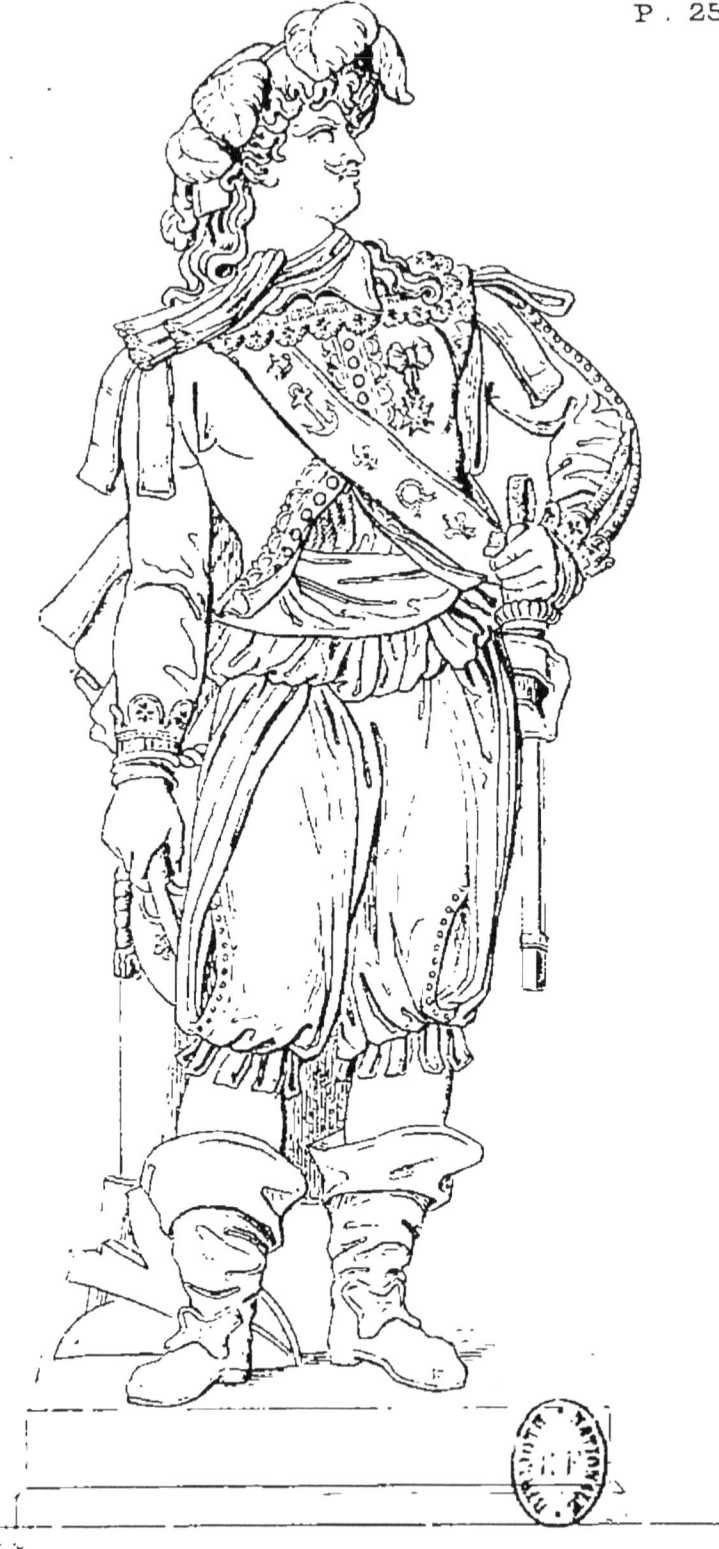

DUGUAY-TROUIN

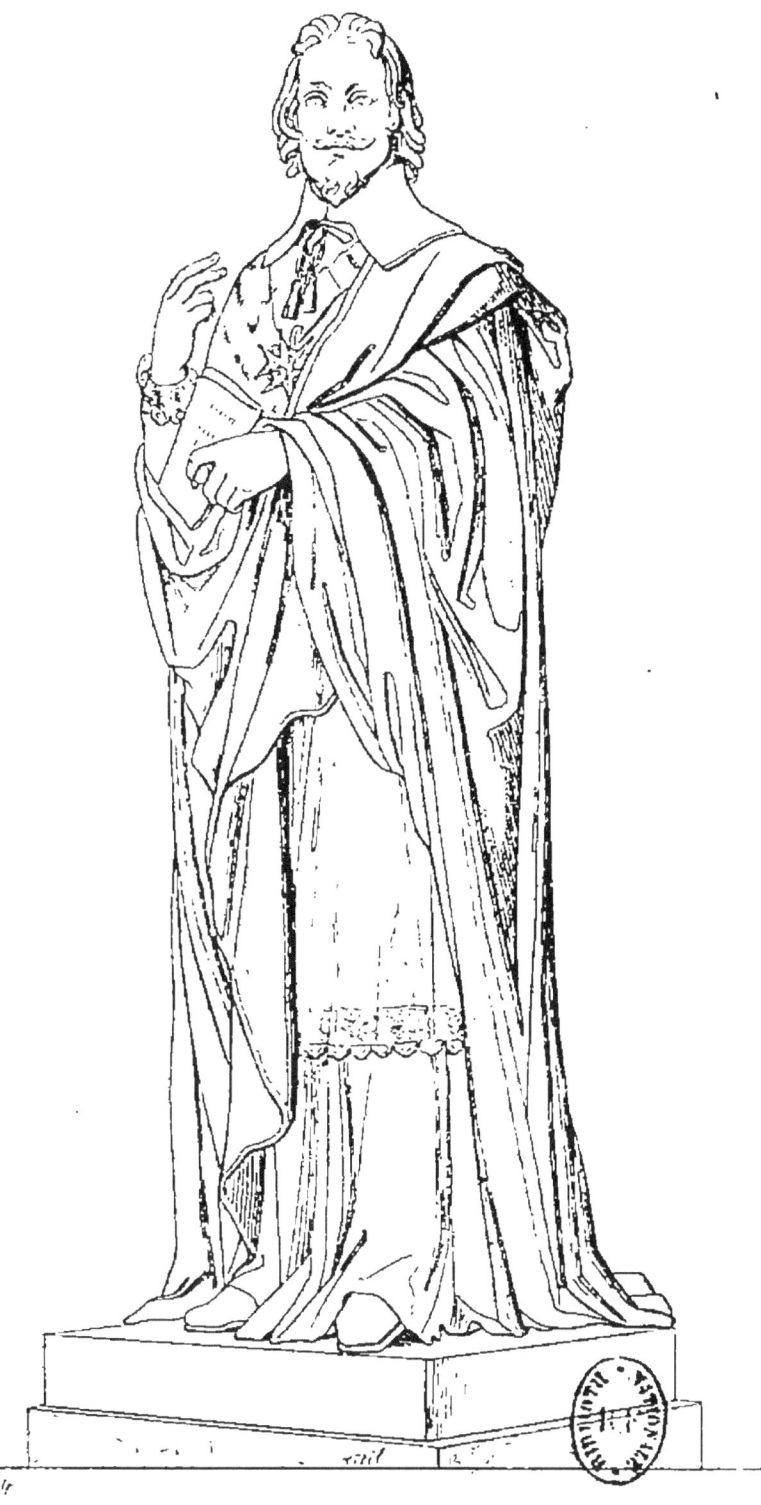

Ramus père sculp

RICHELIEU

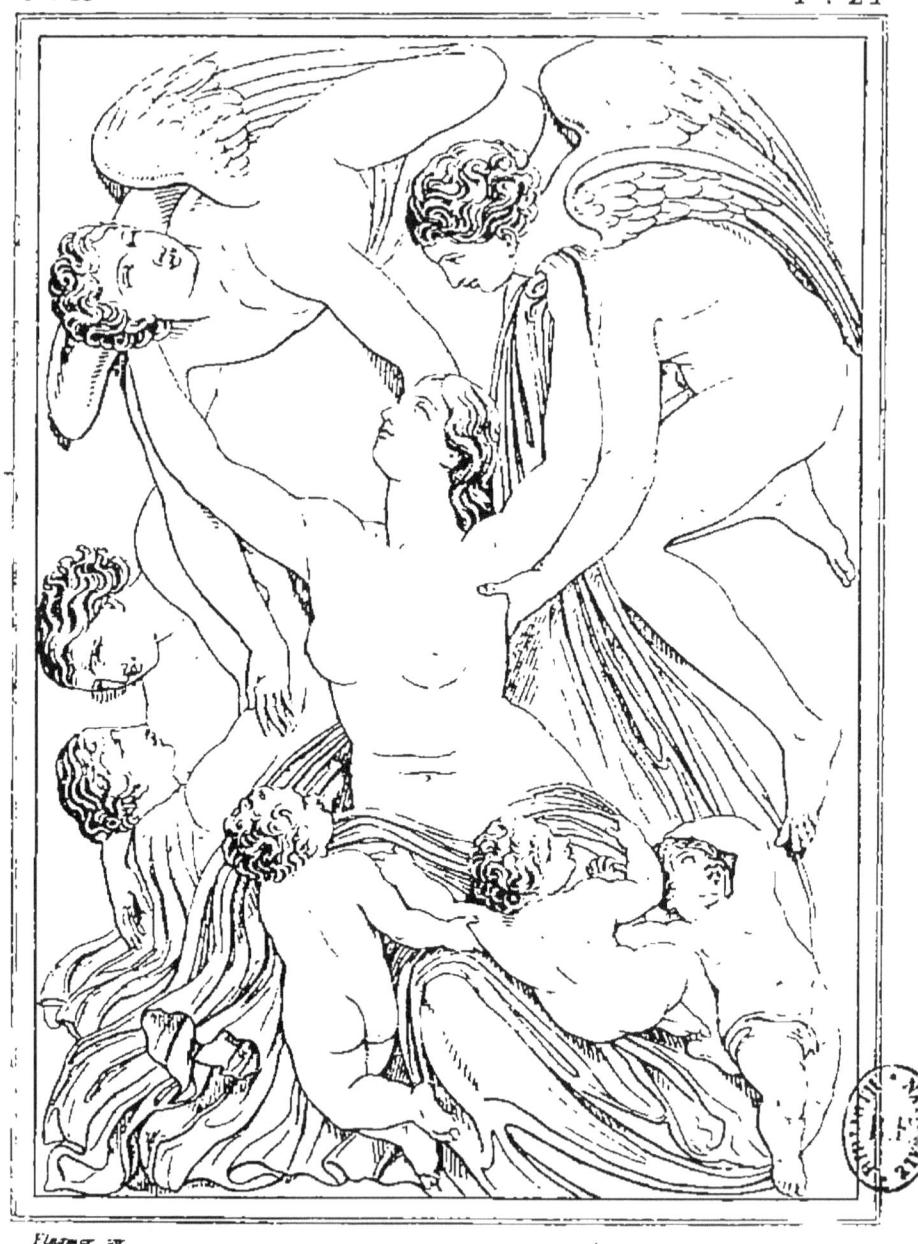

Flaxman inv

QUE VOTRE RÈGNE ARRIVE

VENGA IL VOSTRO REGNO

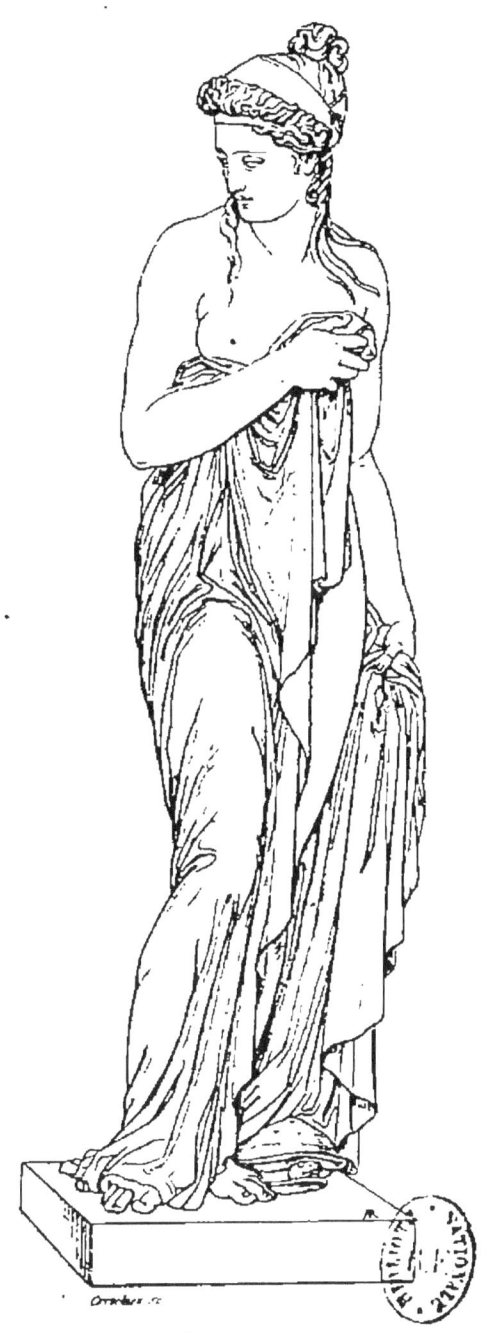

LA PUDEUR

IL PUDORE

EL PUDOR.

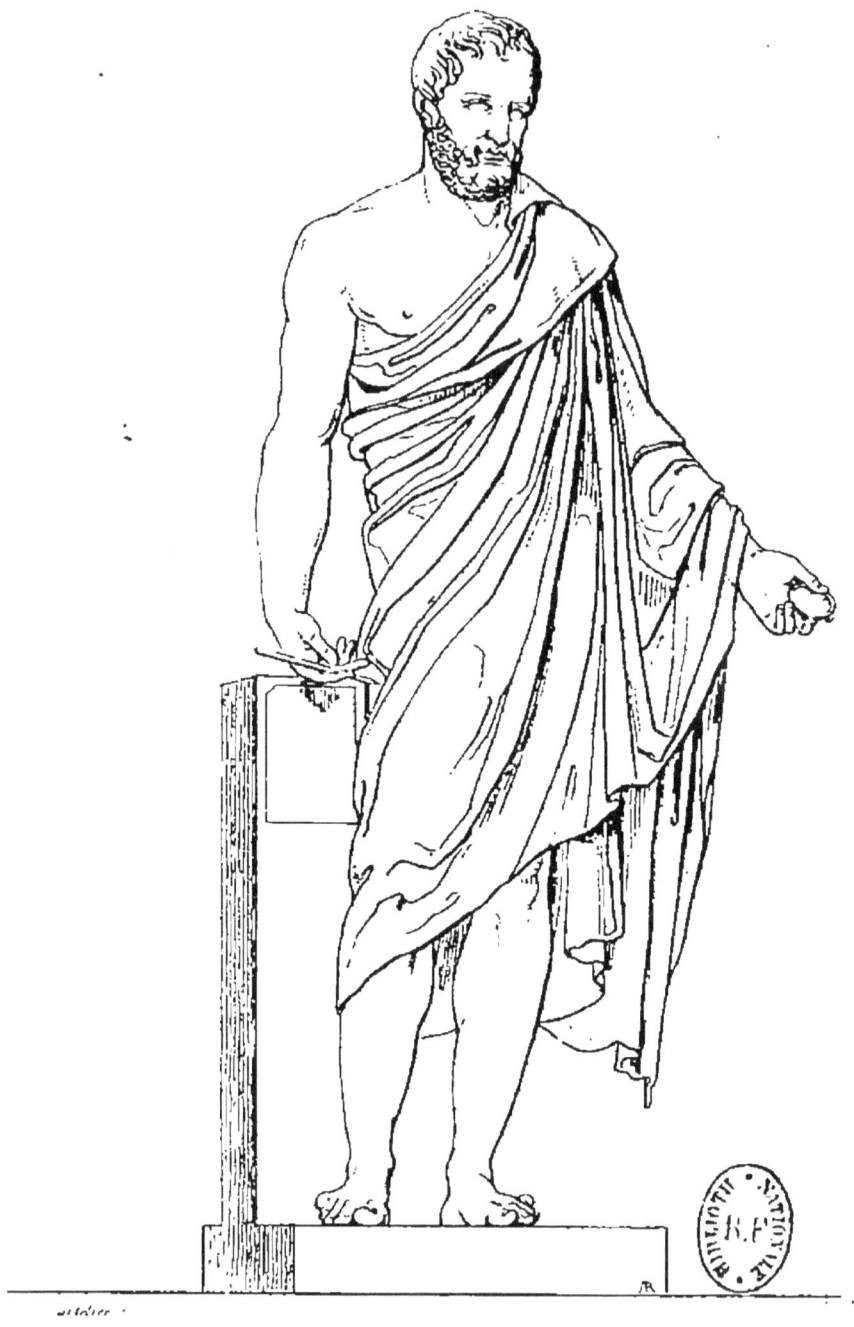

ARISTIDE

ARIST DI'

ARISTIDES

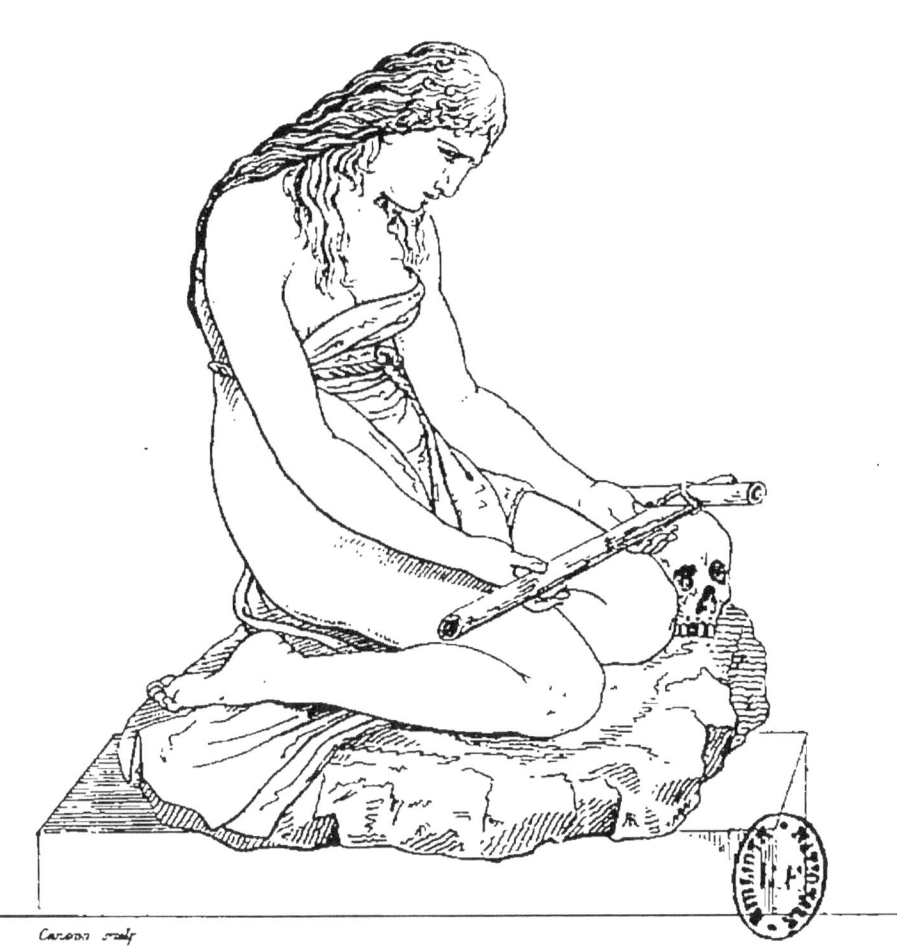

Cartoni sculp

STᴱ MADELEINE

STᴬ MADALENA.

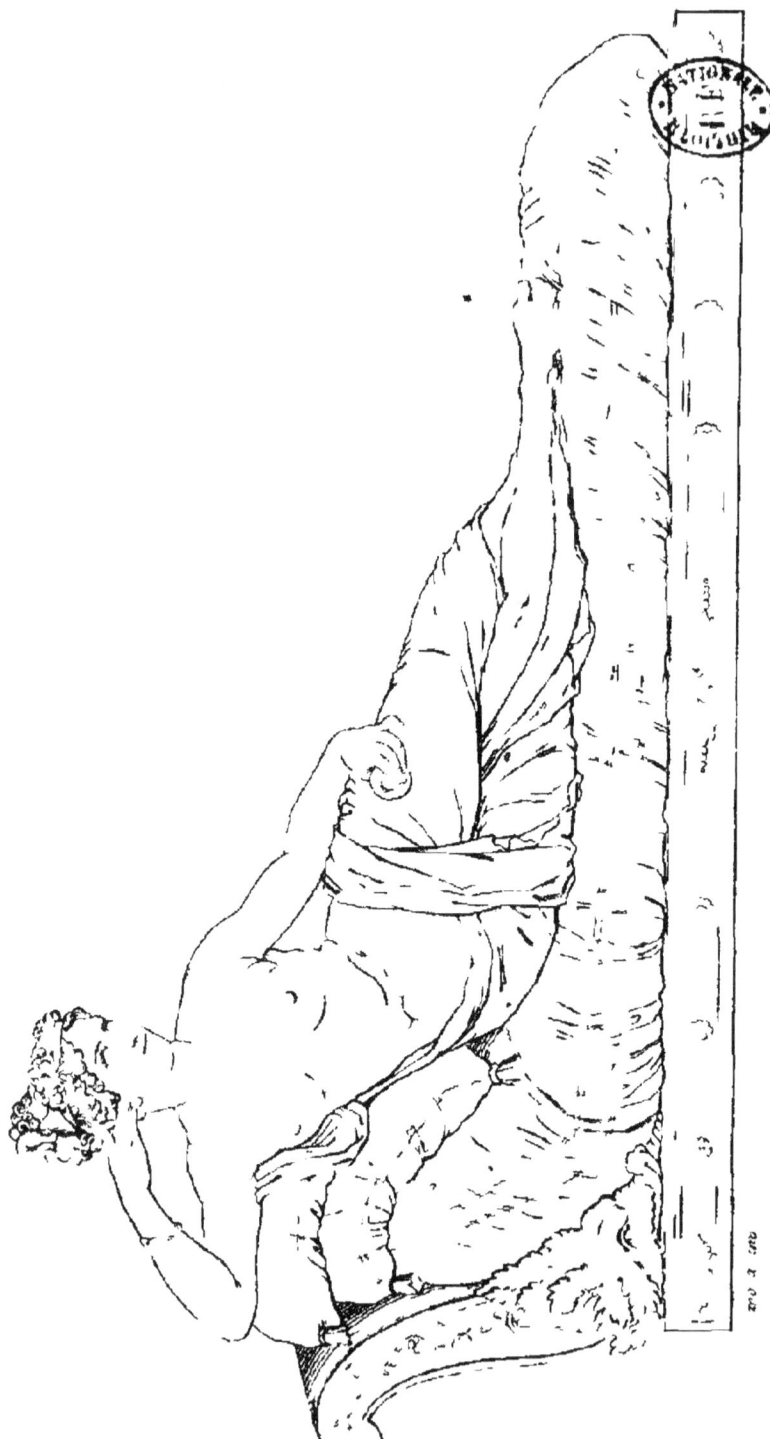

VENUS VICTORIEUSE

VENEREM VINCITRICI

VENUS VICTORIOSA

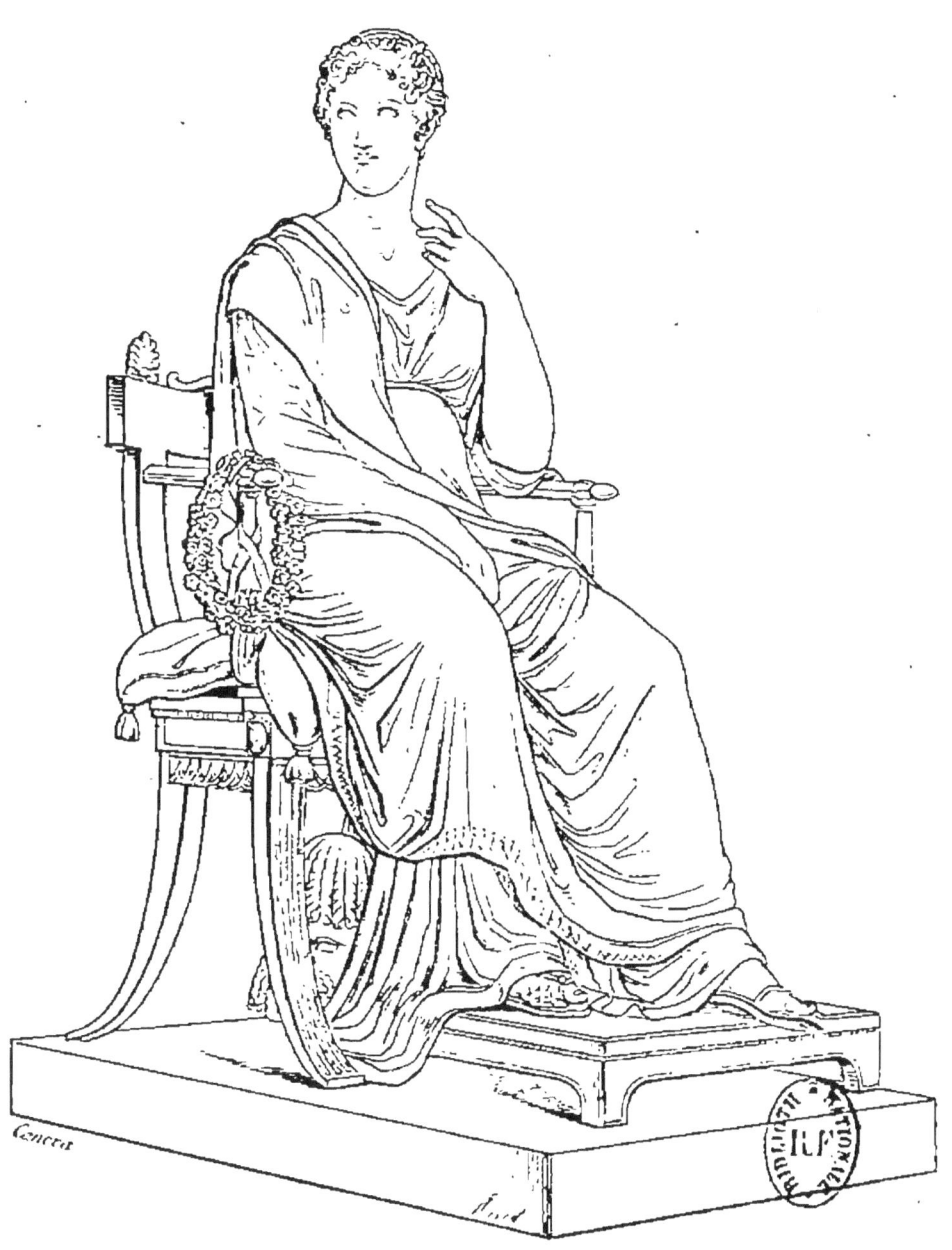

POLYMNIE

POLINNIA.

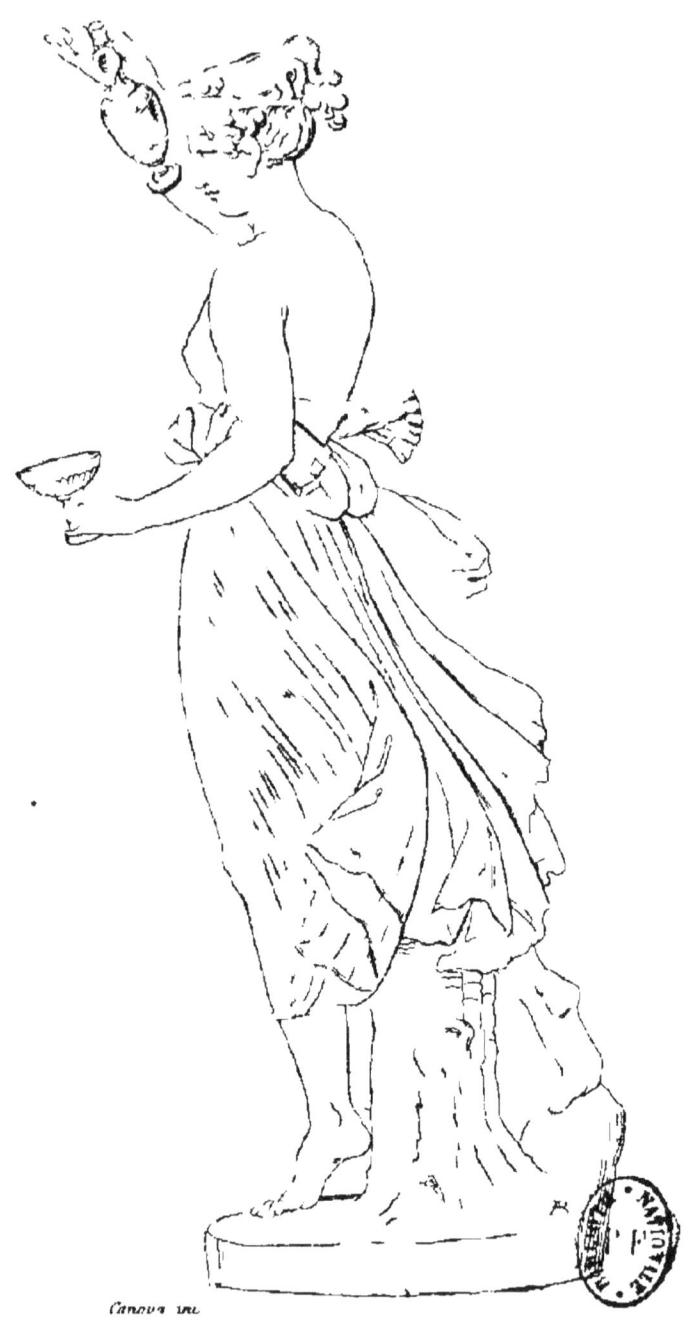

Canova inv

HE. 1
EBE
HÆBE

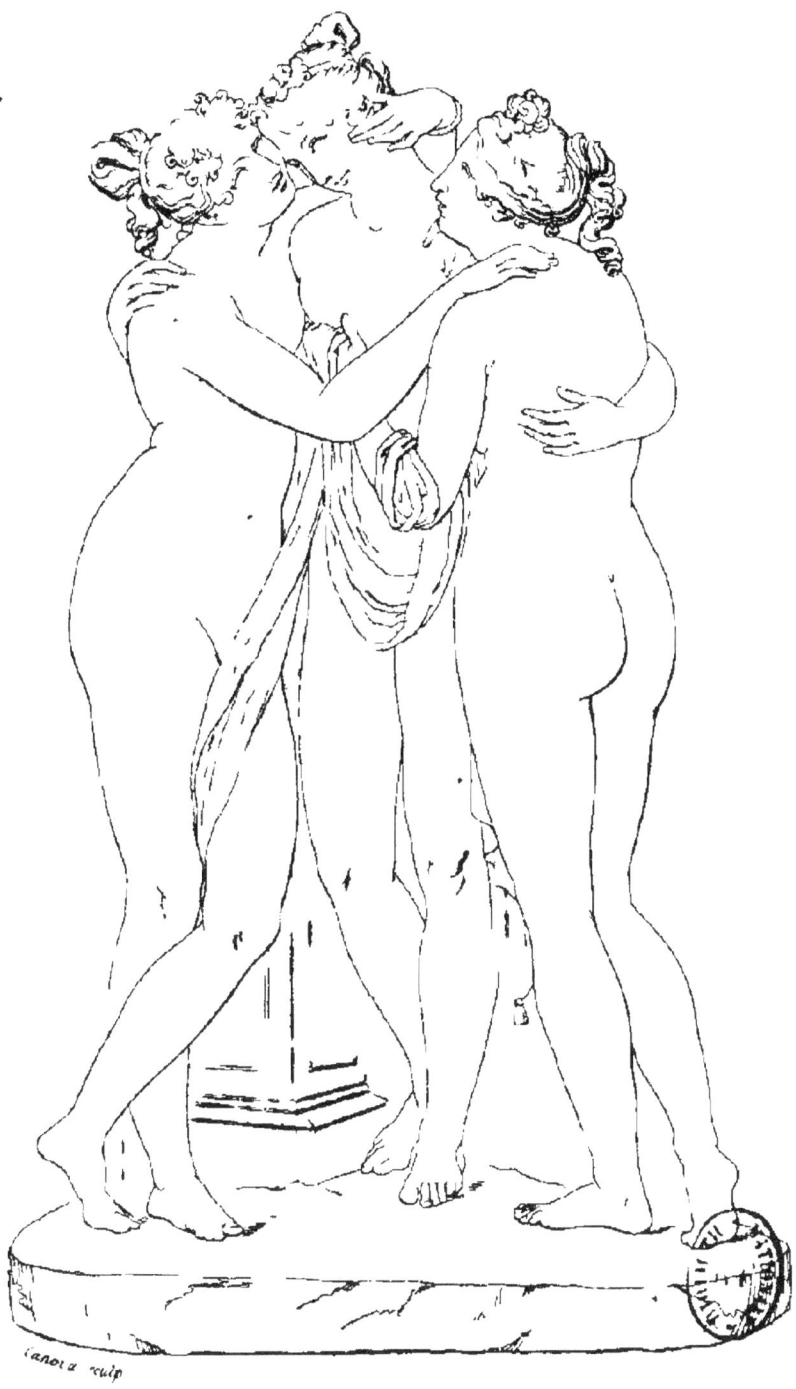

LES GLACES

LE GRAZIE

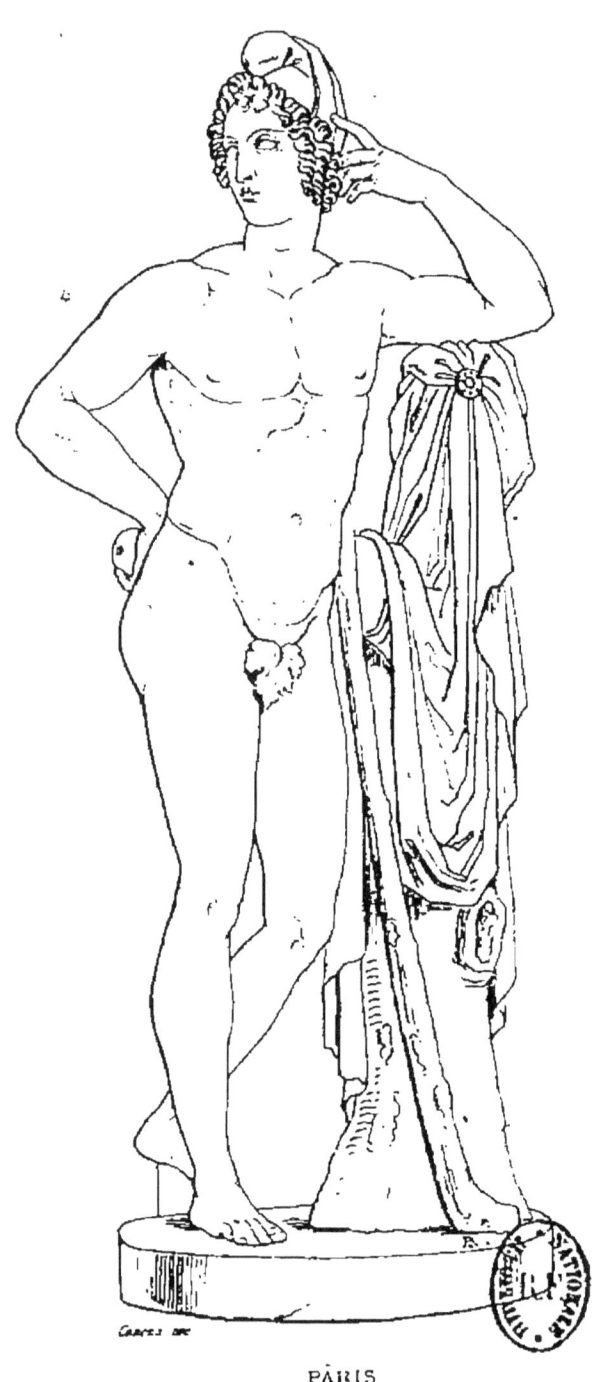

PARIS

PARIDE.

Lám 418

PARIS

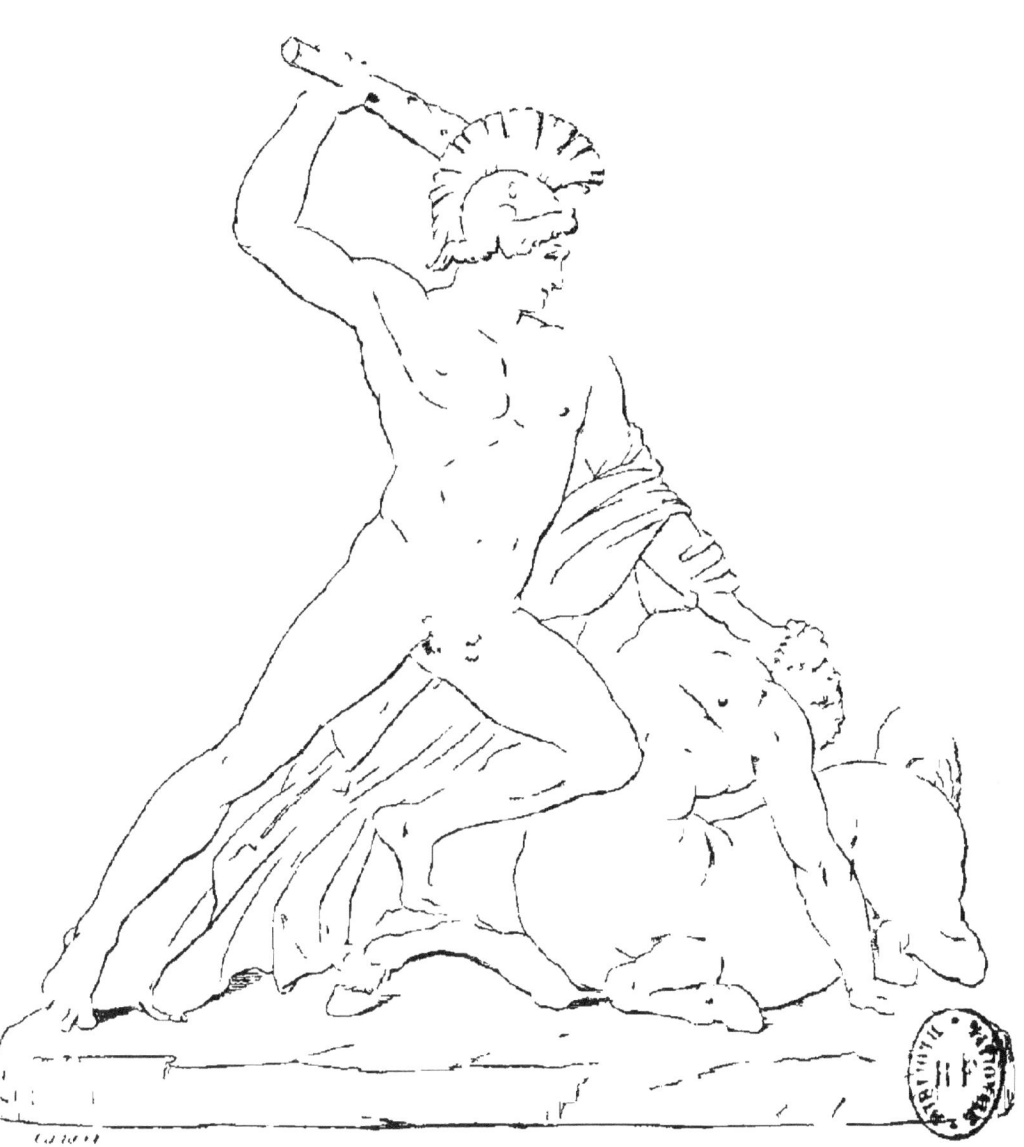

THESEE VAINQUEUR DU CENTAURE

BENEDETTO

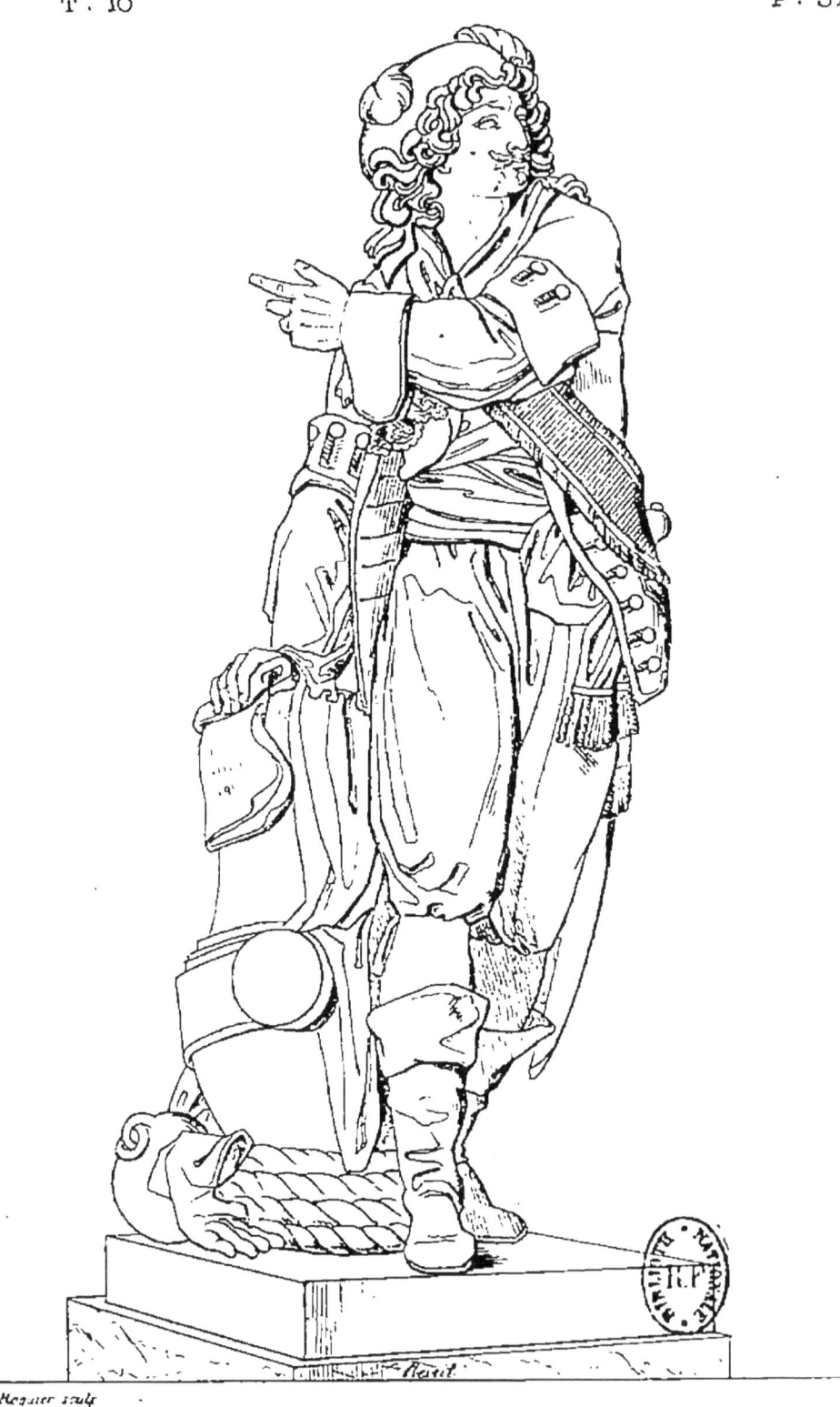

DU QUESNE.

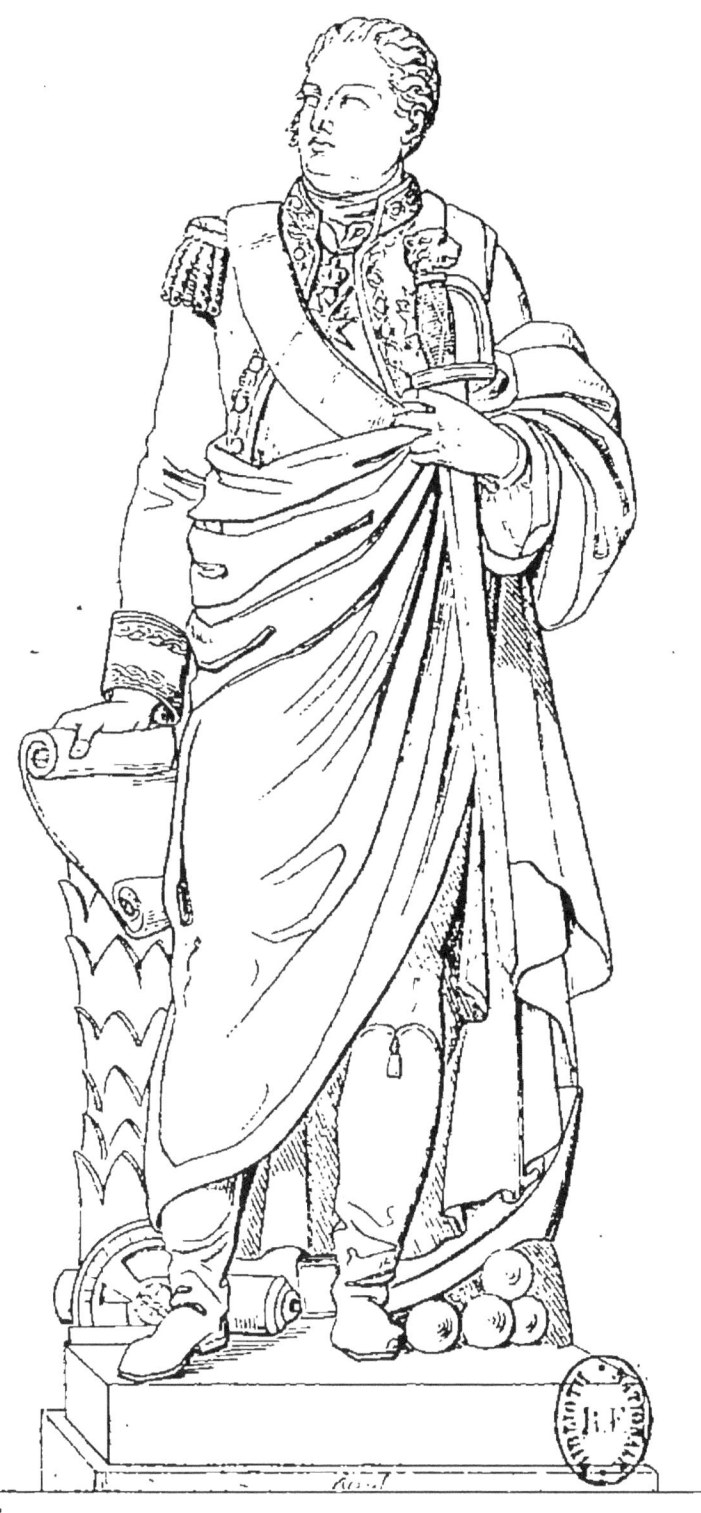

SUFFREN

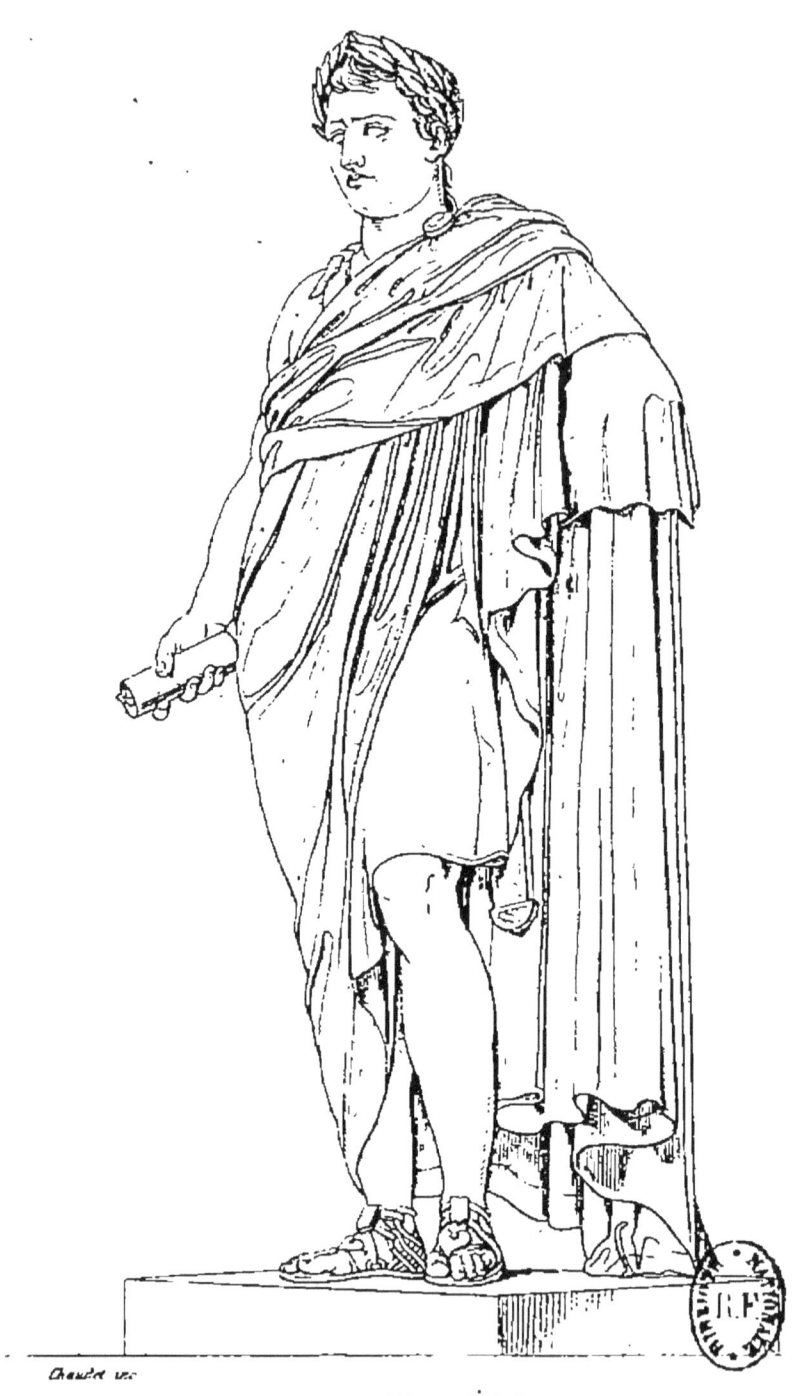

NAPOLÉON.

NAPOLEONE.

NAPOLEON.

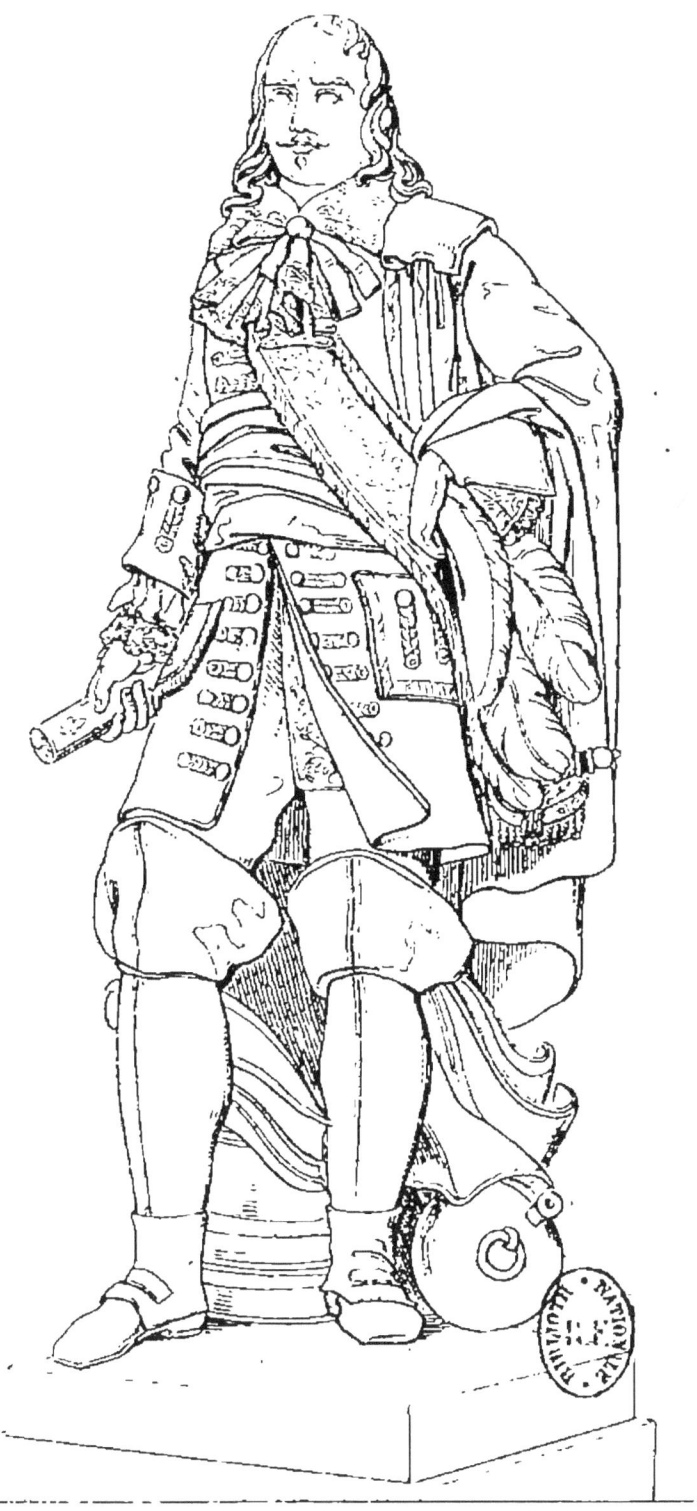

TULENNE

DU GUESCLIN

LES MUSES RENDENT HOMMAGE A LOUIS XIV

LE MUSE CHE RENDONO OMAGGIO A LUIGI XIV.

LAS MUSAS VINDIENDO HOMENAGE À LUIS XIV.

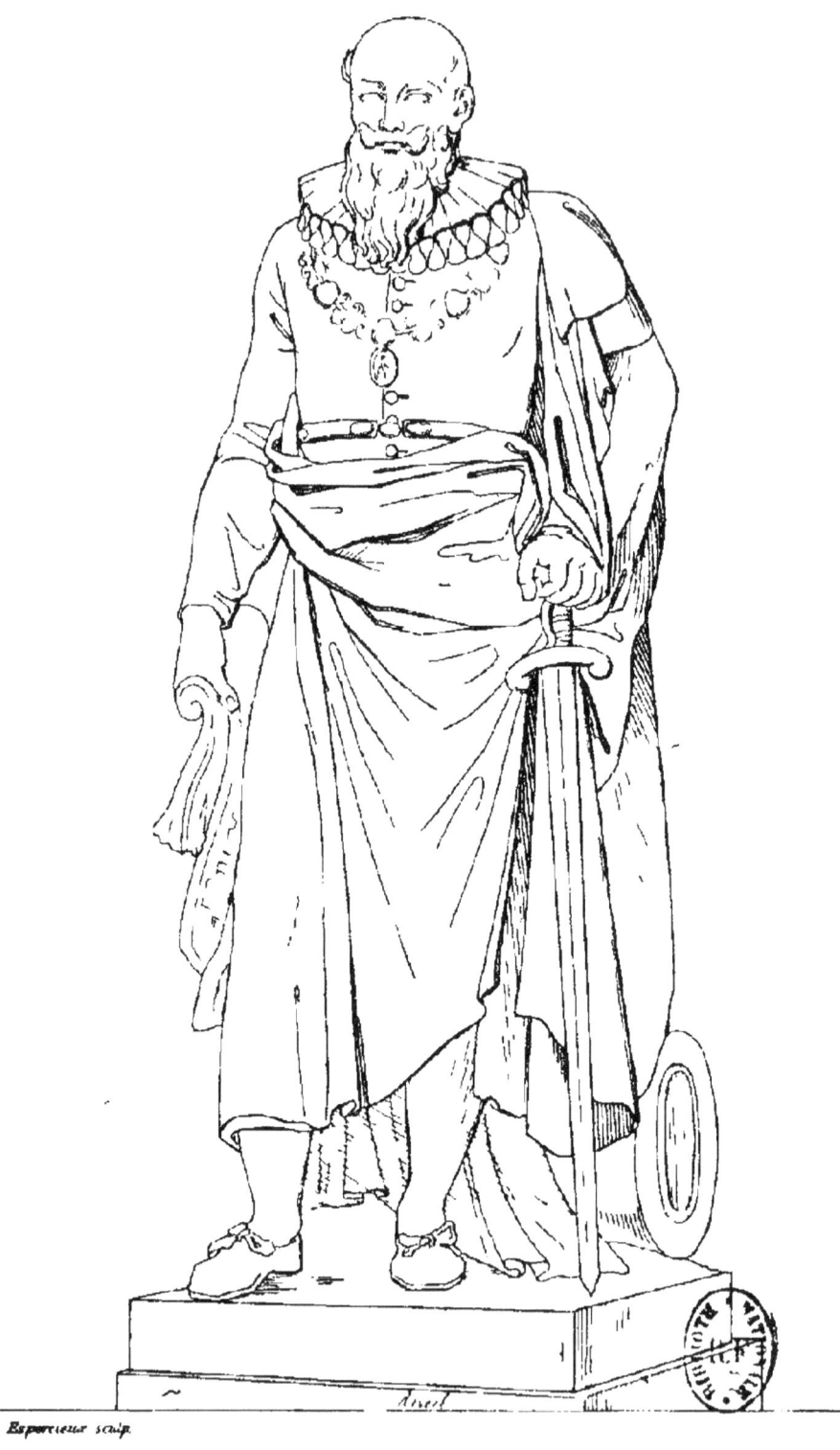

SULLY

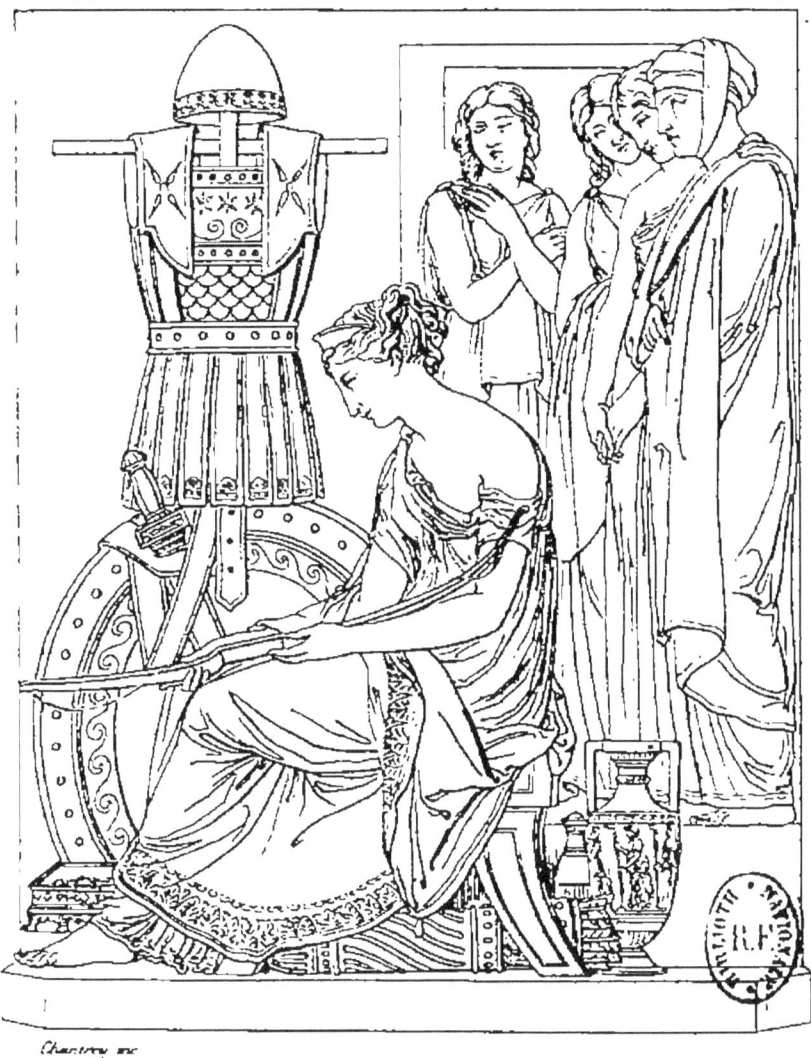

PÉNÉLOPE

PENELOPE

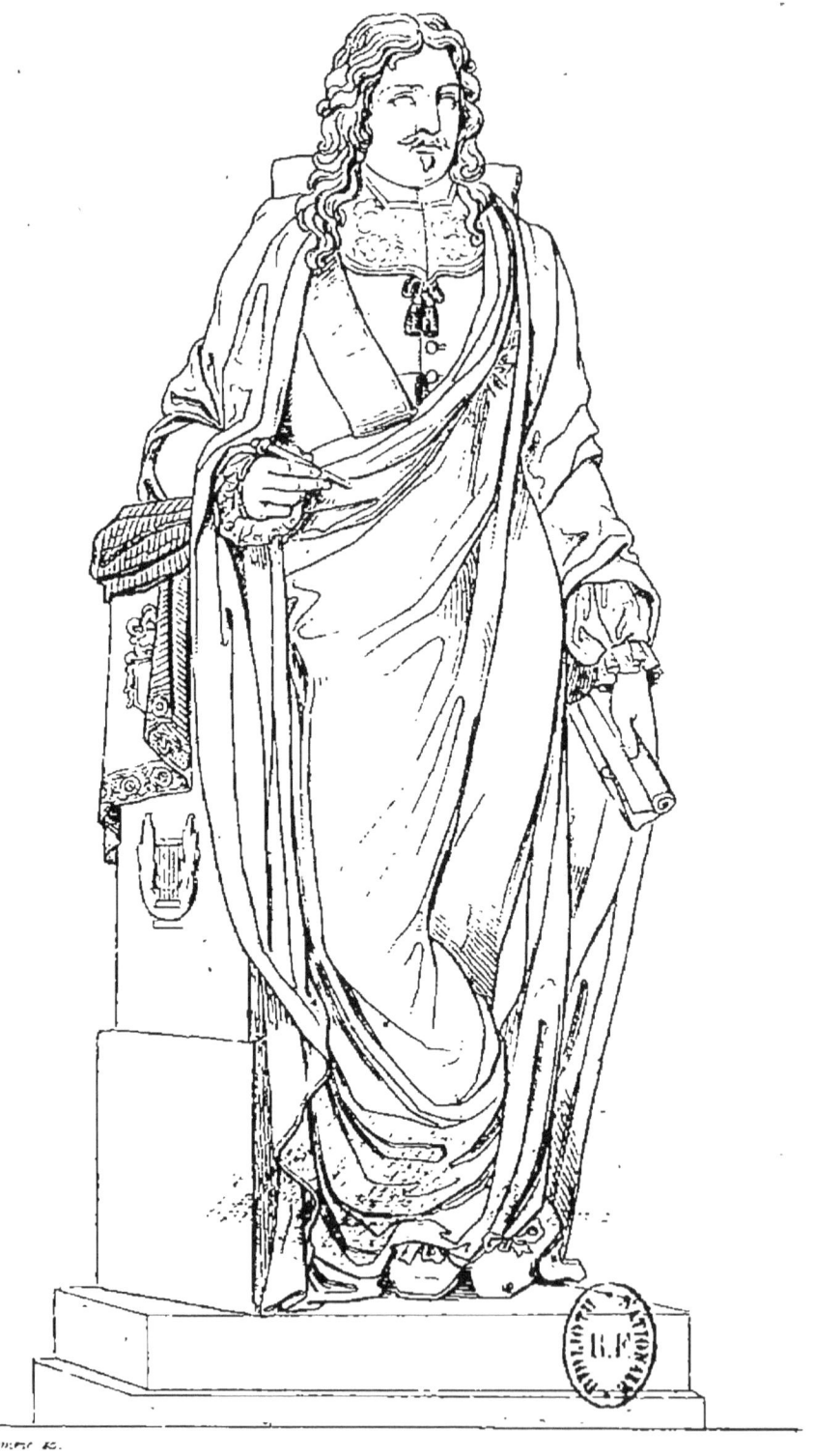

COLBERT

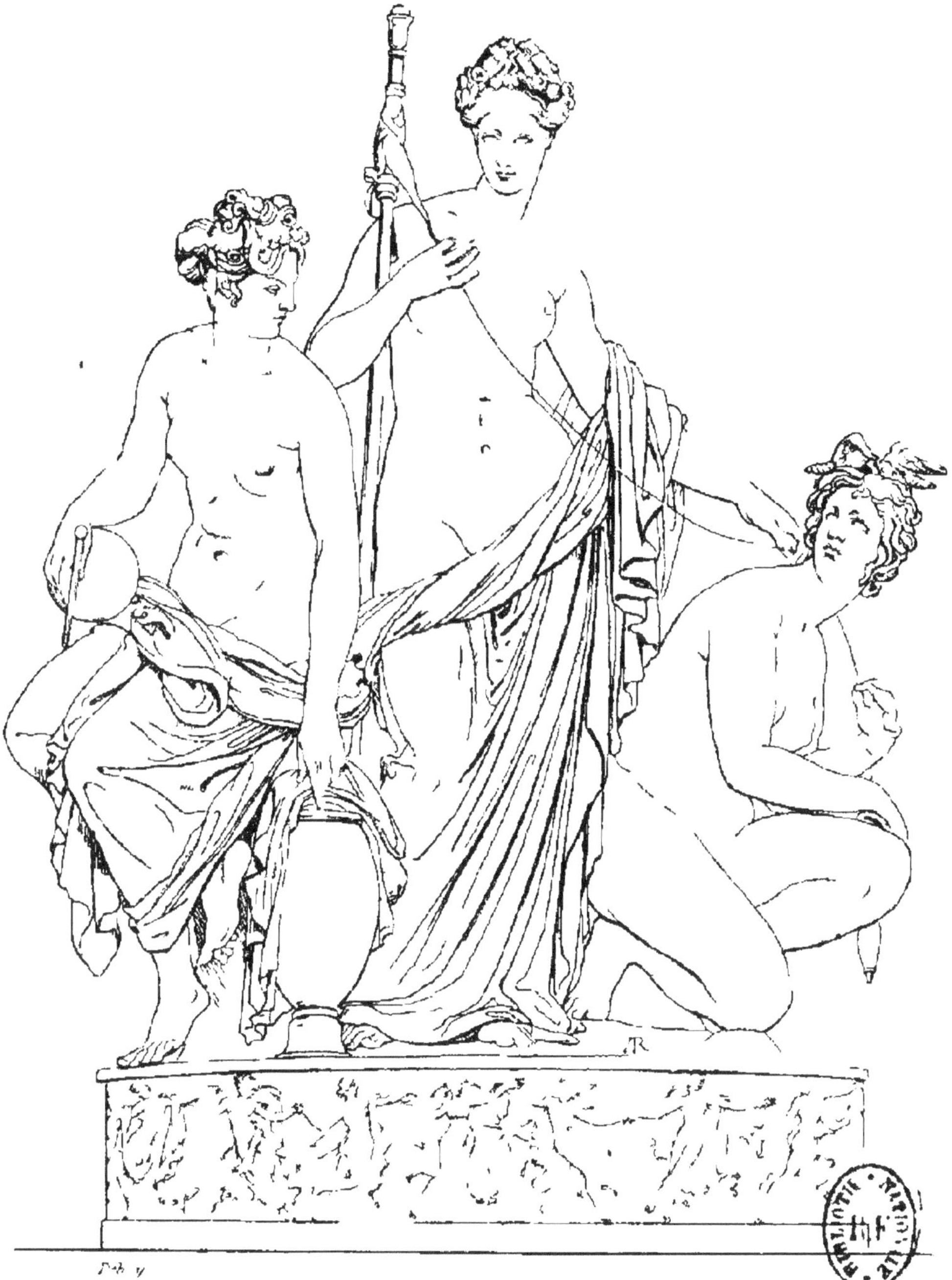

LE PARQUES

3 PARCHE

LAS PARCAS

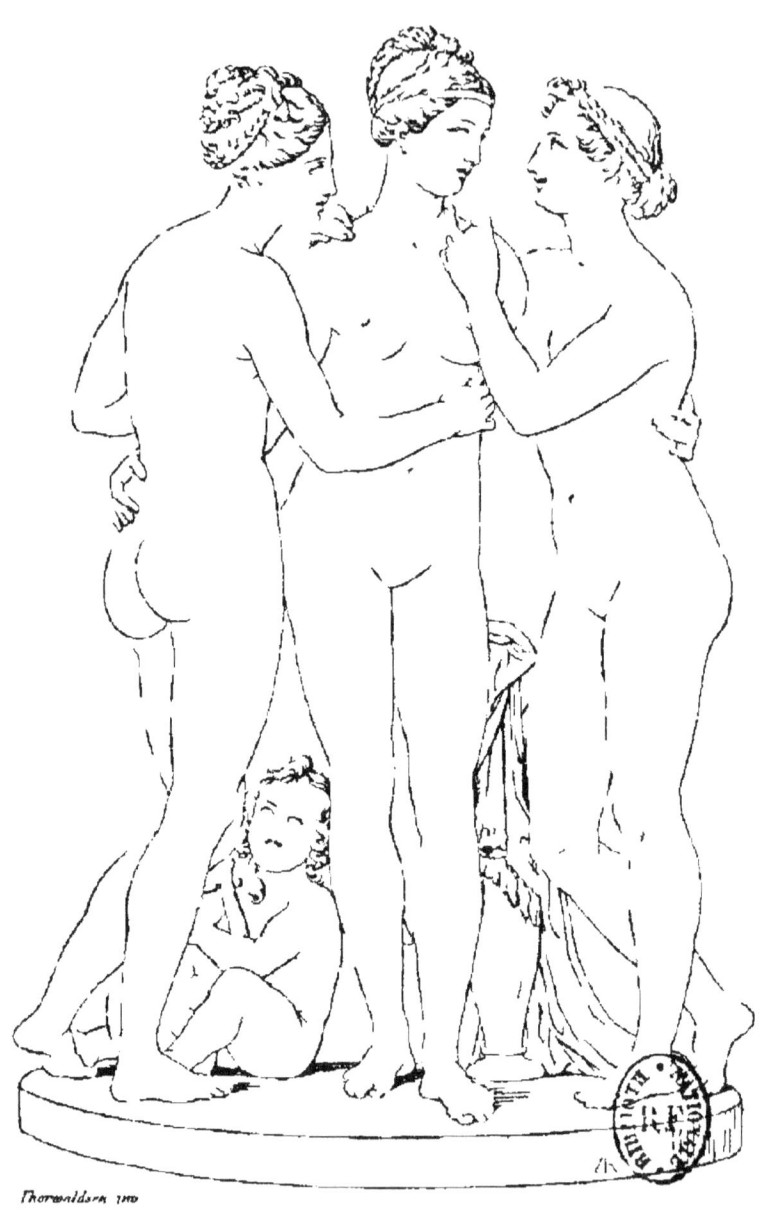

Thorwaldsen inv

LES TROIS GRACES   .

LE TRE GRA IE

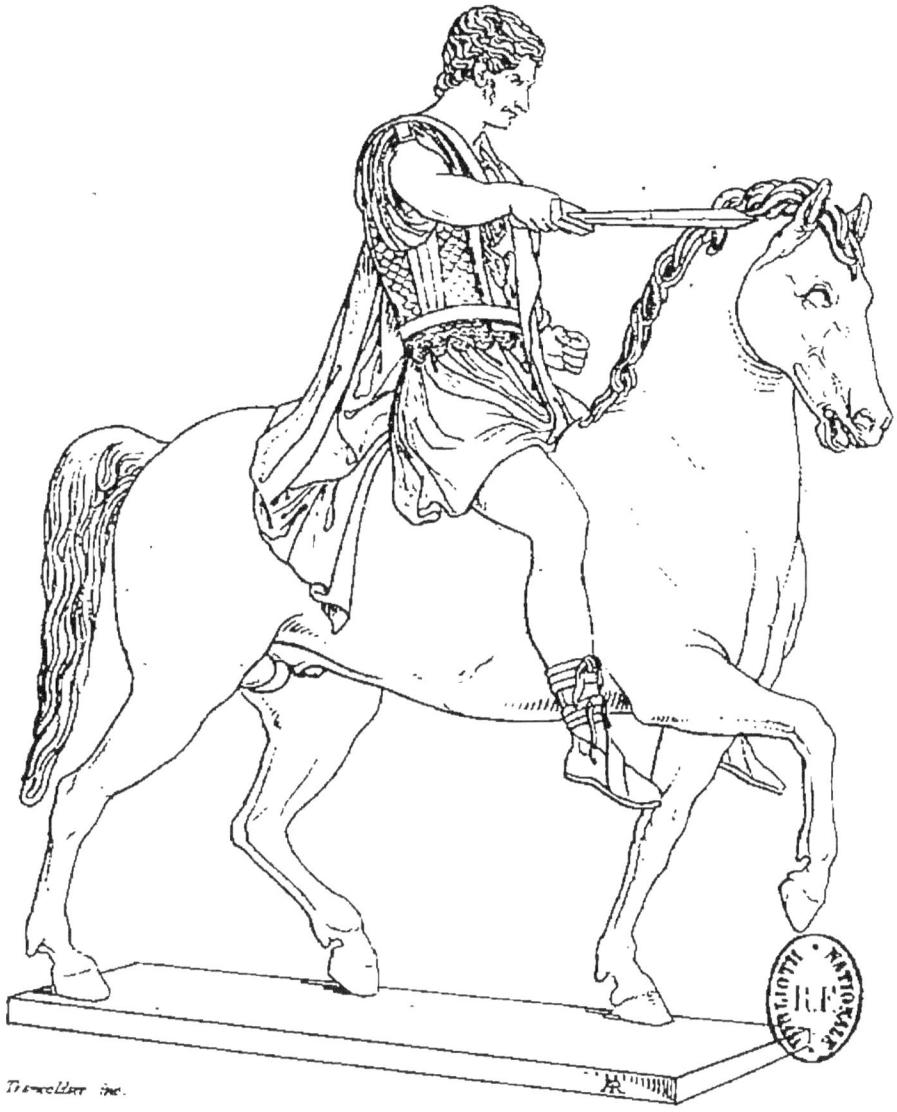

PONIATOWSKY.

PONIATOWSKI

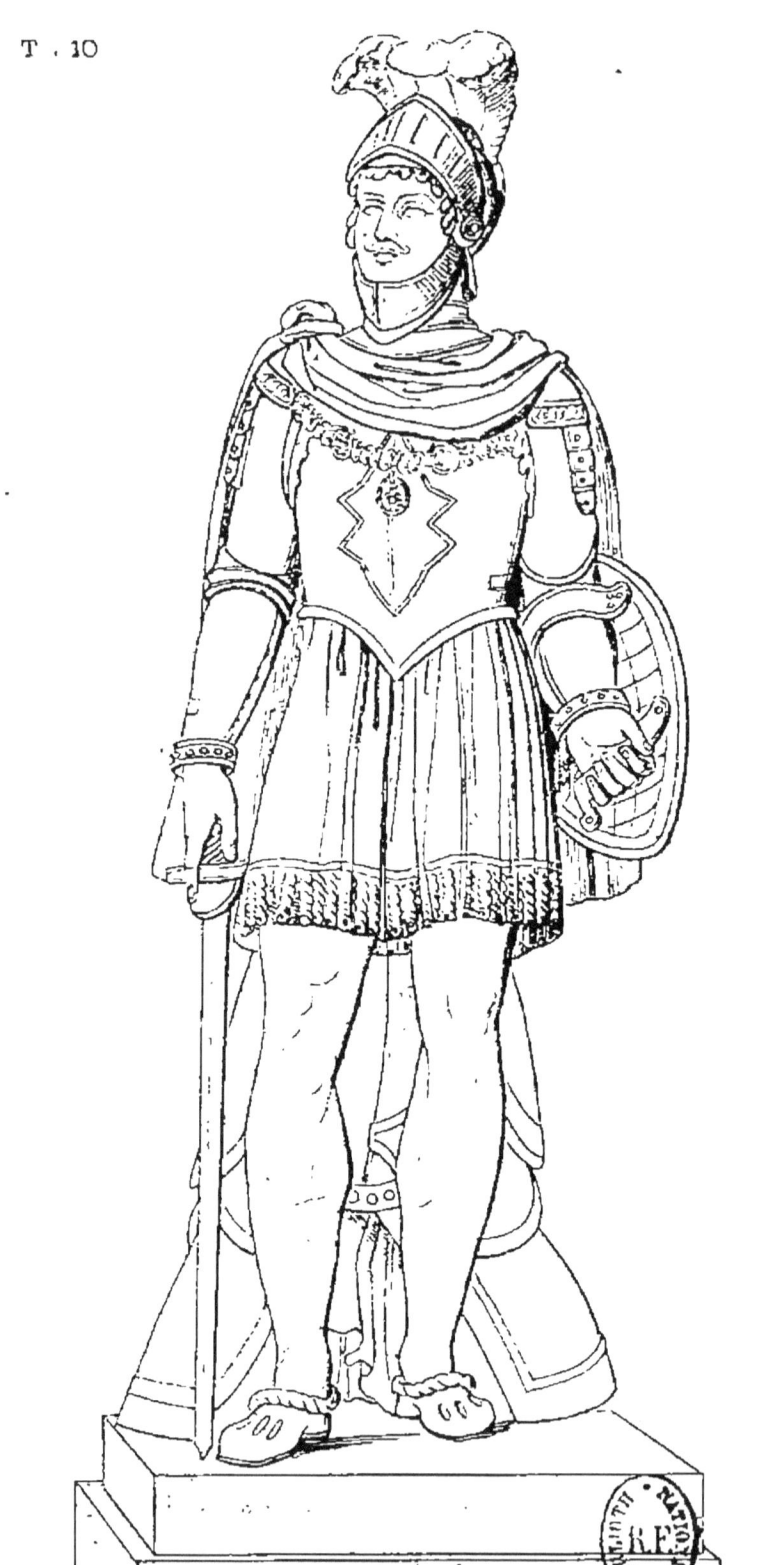

BAYARD

BAIARDO

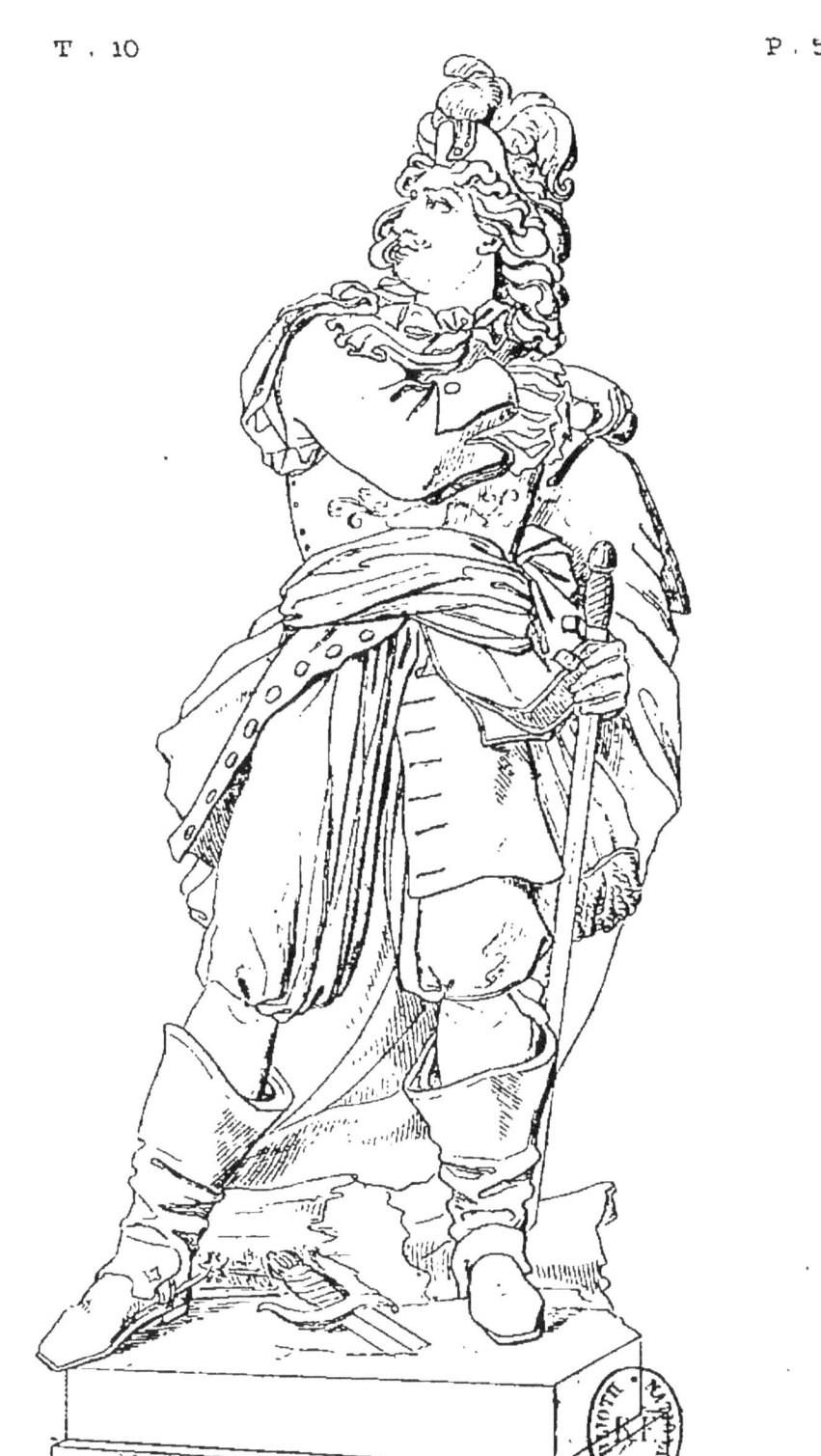

CONDÉ

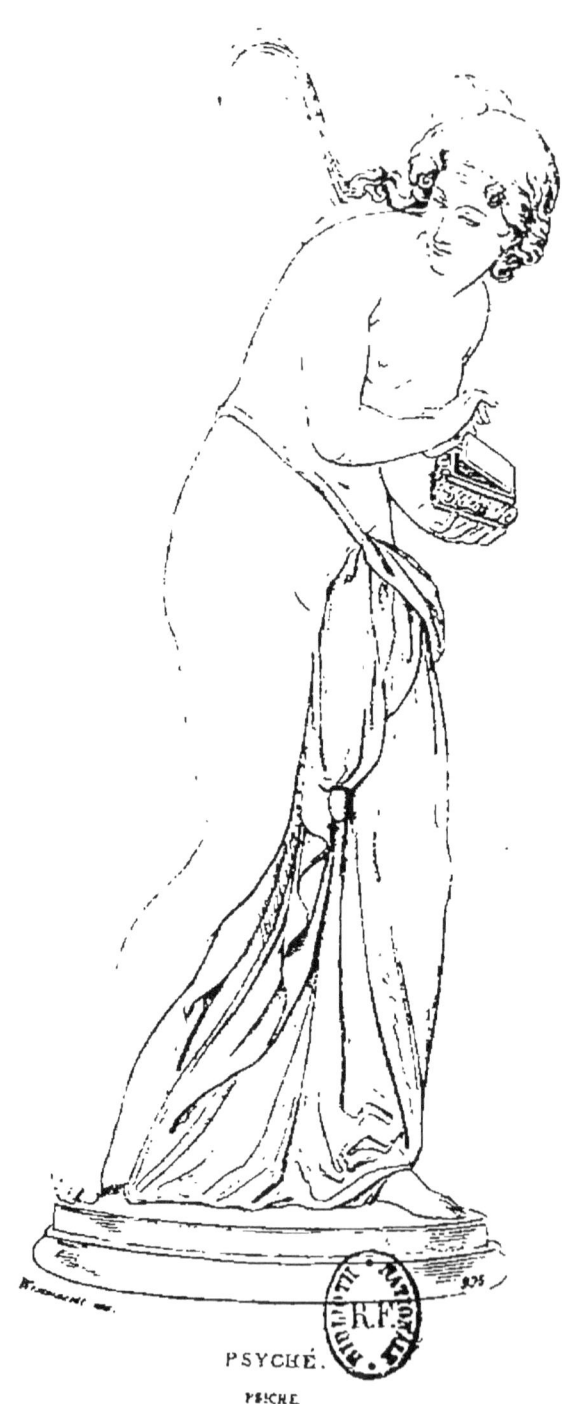

PSYCHÉ.

PSICHE

www.ingramcontent.com/pod-product-compliance
Lightning Source LLC
Chambersburg PA
CBHW070955240526
45469CB00016B/1200